いちばんやさしい
つまみ細工の手習い帖

ひなぎく

ナツメ社

❁ Contents

はじめに ……………………………………… 4

Part 1 一輪からはじめる愛らしいつまみの花 ……… 5

姫丸花 …………………………………… 6／38
姫丸菊 …………………………………… 7／41
重ね梅 …………………………………… 8／44
はんくす丸菊 ………………………… 9／46
カメリア ……………………………… 10／48
剣菊 …………………………………… 12／50
三角浪漫ばら ………………………… 13／52
姫ブーケ ……………………………… 15／55

つまみ細工をはじめる前に ………………… 16

how to make

つまみ細工のきほん ………………………… 17
きほん**1**　道具と材料 ……………………… 18
きほん**2**　布の素材と準備 ………………… 20
きほん**3**　土台をつくる …………………… 23
きほん**4**　つまみをつくる ………………… 31

Part 2 つまみ細工アクセサリーで季節を彩る……59

デコレーション桜のチャーム……60／78
桃の花の一輪かんざし……61／88
金魚の帯飾り……62／89
玉ばらのチョーカー……63／80
剣菊のプチジュエリー……64／90
実り色のバレッタ……65／91
ポインセチアの飾りピン……66／86
雪の結晶のブローチ……67／92
お正月飾りの帯留め……68／93

how to make
つまみ細工の応用……69
変形つまみのつまみ方……70
土台の型紙……77

Part 3 ハレの日を飾る つまみ細工のかんざし……95

ブーケかんざしのセット……96／102・106
桜ブーケのかんざし……97／116
大輪剣菊のコーム……99／117
鶴のかんざし……100／112

how to make
かんざしの組み上げ方……101
銀ビラの組み上げ方……107
さがりのつくり方……108
くまでのつくり方……111
コームの組み上げ方……118

Column
上手な色合わせのコツ……58
つまみ細工の素朴な疑問……94

❀ はじめに

私の本業は琴奏者です。
たまたま目にした、つまみ細工のレトロでありながら洗練された美しさ。
凛とした秩序正しさと、どこまでも自由な可能性。
そんな素敵なつまみ細工アクセサリーを
ステージ用の着物にあわせたいと思い、この道に入りました。

私がはじめたころはまだ、つくりかたの手がかりも少なくほぼ独学からのスタート。
いろんな生地で試し、不器用ながらも試行錯誤の連続でした。
そのうちに生徒さんを持つようになると、
さらに簡単につくれる方法を探るようになりました。
どうすればもっと簡単に楽しくつくっていただけるか……

そのエッセンスをつめこんだのが本書です。

実際のレッスンのようにレベル別になっています。
はじめての方は先を急がず、ぜひ順を追ってつくってみてください。
経験者の方は、イマジネーションの翼を広げて
さまざまなデザインにチャレンジするのもいいでしょう。

布を折るという単純な作業を重ね、
思い通りの作品に仕上がった瞬間の喜びは、心の疲れをほぐしてくれます。

あなたの毎日に、小さな感動とトキメキの瞬間をお届けできたら……
こんなに嬉しいことはありません。

　　　　　　　　　　　　　　　　　　　　　　　　　ひなぎく

本書に掲載のオリジナルデザインをそのまま、またはアレンジして発表・販売していただくことは可能です。その際には「デザイン：ひなぎく」と明記してください。

Part 1

一輪からはじめる
愛らしいつまみの花

姫丸花
how to make ▶ p.38

きほんの剣つまみと丸つまみを交互に葺いてつくる「姫丸花」は、いちばんきほんとなるモチーフのひとつ。つまみの形ごとに色を変えれば、華やかさもアップ。

姫丸菊
how to make ▶ p.41

姫丸花と同じく、剣つまみと丸つまみでつくる「姫丸菊」は、つまみの花を2段に重ねて立体感のある一輪に。落ち着いたトーンの花なら大人の女性にも似合います。

重ね梅

how to make ▶ p.44

丸つまみを重ねてつくる愛らしい梅の花。単色はもちろん、段ごとの色を変えたり、グラデーションに仕上げるなど、工夫次第で花の雰囲気も引き立ちます。

はんくす丸菊

how to make ▶ p.46

丸つまみを幾重にも重ねてつくる「はんくす丸菊」は、規則的に並ぶ花弁の美しさと存在感で見る人をうっとりとさせます。つまみ細工らしさを感じさせるデザインも◯。

カメリア

how to make ▶ p.48

丸つまみを葺く位置を段ごとにずらしてつくる「カメリア」。ダブルガーゼを使うとやさしくロマンチックな印象に。大人っぽく仕上げたい人は正絹無地がおすすめ。

剣菊

how to make ▶ p.50

つまみ細工をはじめた人なら、一度はつくってみたいと憧れるモチーフ「剣菊」。剣つまみのみを用いたデザインですが、その繊細な仕上がりは、多くの人を魅了します。

三角浪漫ばら

how to make ▶ p.52

つまみ細工の定番「三角ばら」をアトランダムな配置でつくる「三角浪漫ばら」。花芯には好みのビーズやラインストーンをあしらい、自分らしい一輪に仕上げて。

姫ブーケ

how to make ▶ p.55

土台の上にかわいらしい花たちがひしめく、人気のデザイン。それぞれの花の色をグラデーションにすることで、ブーケ全体が華やいだ雰囲気に。

つまみ細工をはじめる前に

本書での表記

本書では、布を使ってつまみの花びら（または葉、羽など）をつくることを「つまむ」、土台につまみを置くことを「葺く」、つまみの花を束ねてかんざしやコームなどに取りつけることを「組み上げる」と表記しています。

◆つまむ 　◆葺く 　◆組み上げる

つまみの名称

つくり方ページで使用する布

つくり方のページでは、いつ、どのように、つまみを土台に置いていくのかをよりわかりやすくするために、布の色を変えて紹介しています。実際に作品をつくる際には、お好みの色の材料をそろえてつくりましょう。

◆作品ページ 　◆つくりかたページ

つまみ細工のきほんセット

つまみ細工では、ピンセット、でんぷんのり、おしぼり、のり板の4つが、きほんの道具となります。まずはこのきほんセットを準備することからスタートしましょう。それ以外に必要となる道具は、p.18で詳しくご紹介しています。

How to make
1

つまみ細工のきほん

きほん 1 道具と材料

1 下敷き
さがりをつくるときに使う。目盛りつきでなくてもよい。

2 グルーガン
金具を接着するときに使用。グルースティックは高温用を用意。

3 針
土台の厚紙に穴を開けたり、土台布を並縫いするときに使用。

4 持ち手用厚紙
5cm×10cmの厚紙を半分に折り、そこへ土台をつけて使用。

5 型紙
布や土台を切り取る際に使う。厚手の厚紙や、市販のテンプレートを使用。

6 ヘラ
のり板にのりを取り出したり、のばして平らにするときに使う。

7 ピンセット
布をつまむときに使用。先がまっすぐなものが使いやすい。

8 定規
材料の寸法や、ワイヤーの曲げ位置などを計るときに使う。

9 カッター
スチロール球を半分に切るときに使用。

10 木工用ボンド
ビーズの貼りつけ、一部の変形つまみに使用。口の先端が細いものが使いやすい。

11 クラフトばさみ
ダンボール紙、厚紙を切るときに使うため、切れ味のいいものを。

12 手芸用ばさみ
糸や布端のほつれ、小さな布の端切りなどに使用。糸切りばさみでも可。

13 布切りばさみ
つまみに使用する布を切る。薄手で刃先の細いものがよい。

14 丸ペンチ
ワイヤーやTピンなどを丸く曲げるときに使う。丸ヤットコとも言う。

15 平ペンチ
ワイヤーを曲げたり、かんざしの角度を変えたりする際に使用。平ヤットコとも。

16 ニッパー
余分なワイヤーを切るときに使う。

17 両面テープ
土台と布を接着するときや、土台と持ち手を固定する際に使用。

18 マスキングテープ
さがり用のリリヤンを下敷きに固定するときに使用。

19 のり
でんぷんのり。つまみをつくる際に、のり板に出して使用。

20 のり板
のりをのばす台。かまぼこの板やプラスチック製の蓋でも可。

21 おしぼり
ピンセットについたのりを拭き取るため、濡らしたものを用意。

22 スポンジ
おちりん土台に葺いたつまみ細工を刺しておくためのもの。

A 地巻ワイヤー
土台の軸として使用。本書では#24の紙巻ワイヤーを使用。

B タッセル飾り
かんざしなどの飾りとしてつける。既製品のものでOK。

C メタリックヤーン
シェル土台の縁飾りなどに使用する。

D 金・銀糸巻針金
花芯や鶴の足などに使用。つまみ用品専門店で購入。

E 銀ビラ
かんざしの飾りとして。つまみ用品専門店などで購入可能。

F 豆鈴
さがりの飾りとして一番下につける。

G かんざし組み糸
かんざしの組み上げに使用。なければ刺しゅう糸の3本取りでも可。

H 糸
ペップを束ねる際に木綿糸を、コームの組み上げには絹糸を使用。

I 花芯飾り
ペップ、花座、スワロフスキー、ビーズなど好みのものを用意。

J 布
つまみに使用。着物地からコットン等、作品によって使い分ける。

K スチロール球
はんくすの土台として半分に切ったものを使用。

L 唐打(リリヤン)
さがりの土台ひもとして。唐打がない場合は、レーヨンリリヤンで代用。

M おちりん土台
円形厚紙と地巻ワイヤーでつくる土台。小さいサイズは専門店で購入が可能。

N 厚紙土台
厚紙を円形に切ったもの。

O ダンボール土台
おちりん厚み土台には1mm厚のもの、厚み平土台には5mm厚のダンボールを使用。

P ジョイント部品
丸カンや9ピンなど、アクセサリー金具とつなぐためのもの。

Q アクセサリー金具
2wayクリップや、かんざし金具など。手芸用品店で購入可能。

きほん 2 布の素材と準備

つまみ細工におすすめの布の素材を紹介。また、ポリエステルは使用できませんので注意しましょう。

◆ **着物厚地**

現代物の着物表地のなかでも振袖のような厚手のものを指す。のりの馴染みがよくない場合もあるため、のり板には厚めにのりを伸ばし、のりをしっかりと奥まで馴染ませる必要がある。撥水加工を施している布は一度洗いにかけるとよい。箔のある部分は使えないため注意。

◆ **着物中厚地**

現代物の着物表地や八掛の多くがここに当てはまる。素材として扱いやすく、さまざまな作品に向いている。なかでも、やわらかい生地は丸つまみに、かための生地は剣つまみに適している。のり馴染みのよさは、生地により異なるため、事前にのりを馴染ませて確認するとよい。

◆ **アンティーク地**

独特の色だしで鮮やかな柄のものが多い。アンティークはシミや変色、虫食いなどがあるため、使用前に布地のチェックを行うとよい。アンティーク着物店、またはネットオークションなどで購入可能。

◆ **正絹一越ちりめん**

のり馴染みがよい。アンティークのレーヨンちりめんは縮みが激しいこともあるので注意が必要。もし、のりを馴染ませたときに縮みが激しい場合は、のりの代わりにボンドを使用するのがおすすめ。

◆ **胴裏**

胴裏とは着物の胴体部分についている裏地のこと。薄手だがしっかりとした素材のため扱いやすい。丸つまみよりも剣つまみのようなシャープな形のつまみに向いている。

◆ **襦袢地**

長襦袢の布地。淡い色合いやぼかしの入った、可憐な印象の布地が多い。のり馴染みがよく、しなやかで扱いやすい。洗うと色落ちしやすいため、使用前の洗いには注意が必要。

◆ **モスリン(ウール)**

あたたかな印象を持つ素材なので秋冬の小物に向いている。仕上がりの風合いは異なるが、新モス(木綿)も使用可能。ポリエステル素材のものも多いので、購入するときは注意が必要。

◆ **キュプラ**

洋服の裏地用の生地。レーヨン製のものを選ぶこと。滑りやすい素材のため、あらかじめスプレーキーピングで糊がけしておくと扱いやすい。薄手でへたりやすいため、のり板に伸ばすのりは薄めに、布地に吸わせるのりも少量でじゅうぶん。

◆ **コットン**

一般的に売られている木綿生地。のり馴染みがよいのでつまみやすい。正絹の着物地よりもハリがあり、作品の仕上がりが固い印象になってしまう場合があるため、あまり厚手の布地はおすすめできない。

◆ **ダブルガーゼ**

ガーゼを二重にした生地。ふんわりとした風合いでかわいい色柄が多い。のり馴染みがよく、つまみやすい。やわらかでナチュラルな風合いが、洋服や普段使いの小物として合わせやすい。

布の切り方

本書の作品は布のサイズが2〜3mm単位で設定されているため、型紙とハサミを使用して切る方法を推奨しています。道具も少なく省スペースで行えるところもポイント。

布を広げる。シワが気になる場合はアイロンをかける。

point 布本来の質感を損なわないよう、まずは軽めにかけて様子を見る。

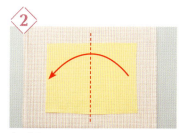

布の中心から二つに折る。

折り目がずれないよう、アイロンでしっかり押さえる。

point 薄手の布は、さらにもう半分に折り、アイロンをかけて4枚まとめて切っても◎。

つまみ細工に必要な寸法の型紙を用意し、布の角に置く。

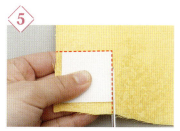

型紙と布をはさみこむように持ち上げ、型紙にそってハサミを入れる。

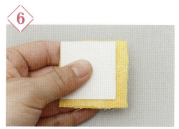

切り離した布同士がずれないよう注意しながら90度回転させ、余分な布を切りやすい状態にする。

切り残しがないよう、型紙にそって切り取る。重ねた布がずれないように注意。

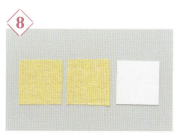

ひなぎく流のつまみ方であれば、切り端が少しガタガタになっていてもOK。

のりの準備

つまみ細工には「でんぷんのり」を使用します。

① のりを密閉できる容器に出し、ヘラで適度にかき混ぜて均等なやわらかさに馴染ませる。

② のり板の上にのりを置く。

③ ヘラを使って、のりを均等な厚みに伸ばしていく。

④ のり板全体に伸ばさず、必要な範囲のみでよい。

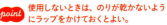

point 使用しないときは、のりが乾かないようにラップをかけておくとよい。

⑤ 伸ばしたのりの厚みは3〜5mmを目安に。

のり板を持っていない人は

100円ショップで購入できる木製のミニまな板や、かまぼこ板などのほか、CDのプラスチックケース、お菓子の缶の蓋、プラスチック製の下敷き、またはダンボールにラップを貼ったものなどでも代用が可能です。道具をそろえるときに、まず身の回りにこういったものがないかを探してみるのもおすすめです。

きほん3 土台をつくる

平土台 ▶ p.24

きほんとなる土台です。円形の厚紙を土台布でくるみ、2wayクリップなどのアクセサリー金具を貼りつけます。土台布は円形厚紙より1〜2cm大きいものを用意するといいでしょう。

 おもに使用する作品：重ね梅(▶p.44)、カメリア(▶p.48)、三角浪漫ばら(▶p.52)、桃の花の一輪かんざし(▶p.88)

厚み平土台 ▶ p.25

平土台に一回り小さいダンボールの厚みを足してつくる土台。ひと手間かかりますが、厚みのおかげで立体感のあるつまみ作品に仕上がります。ダンボールは5〜6mmの厚さのものを用意。

 おもに使用する作品：姫丸花(▶p.38)、姫丸菊(▶p.41)、姫ブーケ(▶p.55)、ポインセチアの飾りピン(▶p.86)

シェル土台 ▶ p.26

くるみボタンのシェルを2つ重ね合わせてつくる土台。くるみボタンのシェルではなく厚紙を使用したり、片方のシェルをアクセサリー金具に貼りつける場合もあります。

 おもに使用する作品：デコレーション桜のチャーム(▶p.78)、金魚の帯飾り(▶p.89)、雪の結晶ブローチ(▶p.92)

おちりん平土台 ▶ p.27

ワイヤーつきの平土台です。土台直径が1.4〜2cm程度のサイズであれば、かんざしの材料店でも購入可能です。それ以外のサイズ、または形が異なるものは材料をそろえてつくりましょう。

おもに使用する作品：玉ばらのチョーカー(▶p.80)、鶴のかんざし(▶p.112)

おちりん厚み土台 ▶ p.28

ワイヤーつきの厚み平土台です。土台の直径が大きい場合は、薄手のダンボールを数枚重ねて、なめらかな厚み感をだすとよいでしょう。

 おもに使用する作品：桜ブーケのかんざし(▶p.116)、大輪剣菊のコーム(▶p.117)

はんくす土台 ▶ p.29

半分に切ったスチロール球を使ってつくる土台です。つまみを何段にも重ねて葺いていく菊系の作品などに使用します。

おもに使用する作品：はんくす丸菊(▶p.46)、剣菊(▶p.50)

おちりんはんくす土台 ▶ p.30

はんくす土台に3本の地巻ワイヤーを通してつくる、かんざし向けの土台です。半球に葺いていくため、立体的で見栄えのよい花のかんざしに仕上がります。

 おもに使用する作品：ブーケかんざし(▶p.102／106)、

❖ 平土台
ひらどだい

[材料] 直径3cmの円形厚紙1枚／直径5cmの円形土台布1枚／直径3cmの2wayクリップ

① 材料を用意する。円形の厚紙は2wayクリップと同じか、やや大きく切ったものを、布はそれより一回り大きく切ったものを目安に用意する。

② 厚紙の裏面に両面テープを貼りつける。円周にそってヒダをつけるように貼るとよい。

③ 土台布の中央に厚紙を置き、両面テープをはがして貼る。

④ 厚紙を包みこむように布端を折る。手順2の両面テープと同様、円周にそってヒダをつけるように折るとよい。

⑤ 土台布の布端をすべて折ったところ。

⑥ グルーで2wayクリップの土台面にグルーをつける。

point グルーの量が多いと接着の際に土台からはみ出してしまう場合があるので注意。

⑦ 土台と2wayクリップを貼りつけ、グルーが冷えるまでしばらく置いておく。

⑧ できあがり。作品のつくり方ページでは**「平土台2wayクリップ」**と表記する。

⑨ 本書では2wayクリップのほかに、丸皿つきUピンなどにも使用する。

❖ 厚み平土台

[材料]　直径3cmの平土台2wayクリップ（▶p.24）／直径2cmの円形ダンボール紙1枚／直径3cmの円形土台布1枚

1. 材料を用意する。ダンボール紙は厚手（厚み約5mm）を用意。なければ薄手（厚み約2mm）を2枚重ねてもよい。

2. 平土台2wayクリップ（▶p.24）の土台中央に厚紙を貼る。

3. 土台布にのりをつけ、ヘラで薄く伸ばす。

4. 土台布を2の上に貼りつける。

5. ピンセットの先で土台布の端を押さえる。

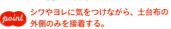

point　シワやヨレに気をつけながら、土台布の外側のみを接着する。

6. できあがり。土台布ののりは乾かさず、このまま上につまみを葺いていってよい。

7. 横から見てなだらかなカーブになっていると上出来。作品のつくり方ページでは「**厚み平土台2wayクリップ**」と表記する。

❌NG　厚紙の形がわかる

手順5で土台布を厚紙にきっちりと貼ってしまうと凹凸ができてしまい、つまみを葺きにくくなるため注意。

❖ シェル土台　[材料] 直径4cmのくるみボタンのシェル2個／直径7cmの円形土台布2枚

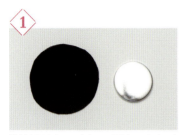

① 材料を用意する。土台には厚紙ではなく、くるみボタンキットのシェルを使用する。

② 土台布の2〜3mm内側をぐし縫いし、中央にくるみボタンのシェルを置く。位置が決まったらボタンを押さえながら糸を引き絞る。

③ 手順2の要領で同じものをもう1つつくる。

④ 布の内側に入れこむようにしてグルーをつける。布の上から指で押してグルーを馴染ませ、シェルと布を接着する。

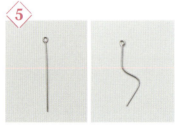

⑤ 9ピンを曲げてカーブをつける。

⑥ 9ピンの頭がすこし出るくらいの位置に置く。シェルの円周2mm内側にグルーをつけ、もう1つのシェルを重ねて接着する。

⑦ グルーが冷えて固まったら、できあがり。

厚紙を土台にした場合

本書では厚紙でつくったシェル土台を使用する場合もある。作品のつくり方ページでは**「シェル土台（厚紙）」**と表記する。

皿つきアクセサリー土台の場合

皿つきのアクセサリー土台を使用する場合もある。作品のつくり方ページでは**「皿つき土台」**と表記する。

❖ おちりん平土台

[材料] 直径3cmの円形厚紙1枚／直径3cm、5cmの円形土台布 各1枚／地巻ワイヤー 9cm×1本

①
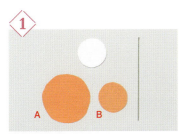
材料を用意する。土台布は5cmのものをA、3cmのものをBとする。

②

平土台（▶p.24）の手順2〜5と同様に厚紙に土台布Aを貼り、中心に針で穴を開ける。

point 数回針を大きく回転させて、穴を少し広げる。

③

手順2で開けた穴にワイヤーを通す。

④

ワイヤーの先端を曲げて丸め、さらに90度に曲げる。

⑤
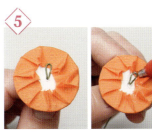
ワイヤーを曲げた位置まで土台を引き上げる。土台とワイヤーの間にグルーをつけて、しっかりと接着する。

⑥
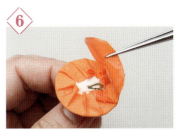
グルーが冷えて固まったら、土台布Bにのりを馴染ませ、土台の上から貼り合わせる。

⑦

ピンセットで土台布Bを押さえ、しっかりと接着させる。

⑧

できあがり。

おちりん平土台は専門店での購入も可。なければ手順2〜7にならってつくりましょう。

❖ おちりん厚み土台

[材料] 直径2cm、3cm、4cm、5cmの薄手ダンボール紙 各1枚／直径6cm、8cmの円形土台布 各1枚／地巻ワイヤー9cm×3本

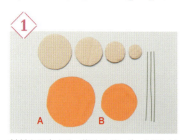

① 材料を用意する。薄手のダンボール紙とは厚みが2〜3mmのもの。土台布は8cmのものをA、6cmのものをBとする。

② おちりん平土台（▶p.27）の手順2と同様に直径5mmのダンボール紙に土台布Aを貼り、中心に針で穴を開ける。

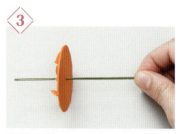

③ 手順2で開けた穴にワイヤー3本を通す。

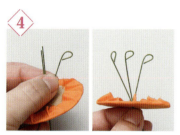

④ 各ワイヤーの先端を曲げて丸める。

⑤ ワイヤーを丸めた位置まで土台を引き上げ、ワイヤーの先端を90度に曲げる。

⑥ 土台とワイヤーの間にグルーをつけて、しっかりと接着する。

⑦ グルーが冷えて固まる前にダンボール紙を大きい順に重ねて貼り合わせる。

⑧ 土台布Bにのり馴染ませ、7の上に貼りつける。ピンセットの先で土台布の端を押さえ、土台布の外側のみを接着する。

⑨ 土台から布がはみ出す場合は、はさみで端を切りそろえて、できあがり。厚平土台（▶p.25）同様に段差がつかないように仕上げる。

❖ はんくす土台

[材料] 直径3cmのスチロール球1個／直径2.5cm、5cmの円形土台布 各1枚／直径3cmの2wayクリップ

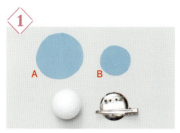

①材料を用意する。土台布は5cmのものをA、2.5cmのものをBとする。

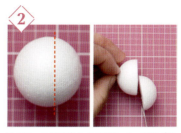

②スチロール球の中心から約2〜3mm横にずれた位置から球を半分に切り、薄い方を使用する。

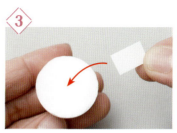

③半球の切断面に両面テープを貼る。

④土台布Aの中央に半球を貼り、布端にボンドをつける。

⑤布端を半球のカーブにそわせるように貼りつける。すき間が見える部分は指で布を押さえて接着する。

⑥布端をすべて貼りつけたところ。

⑦平土台（▶p.24）手順6〜7の要領で半球の平らな面に2wayクリップを貼りつける。

⑧土台布Bにのりを馴染ませ、半球のスチロール面を覆うように貼りつける。

⑨土台布全体のシワやヨレをきれいに整えたら、できあがり。作品のつくり方ページでは「はんくす2wayクリップ」と表記する。

✦ おちりんはんくす土台

[材料] 直径6cmのスチロール球1個／直径7cm、10cmの円形土台布各1枚／直径6cmの円形土台紙1枚／地巻ワイヤー11cm×3本

1
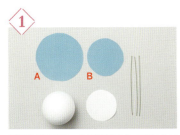
材料を用意する。土台紙はコピー用紙くらいの厚みのものを用意。10cmの土台布をA、7cmの土台布をBとする。

2

スチロール球の中心から約5mm横にずれた位置から球を半分に切り、薄い方を使用する。

3
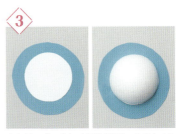
土台紙にボンドをごく薄く塗り、土台布Aの中央に貼りつけ、その上に半球を貼りつける。

 point 土台布に紙を貼るのは、スチロール断面の凹凸が布にひびかないようにするため。

4

布端にボンドを塗り、半球のカーブにそわせるように貼りつける。すき間が見える部分は指で布を押さえて接着する。

5

おちりん平土台（▶p.27）の手順2の要領で半球の中央に穴を開ける。

 point 針は平らな面から球面に向けてしっかり貫通させること。

6

平らな面の穴の入口にボンドを少量入れこむ。

7
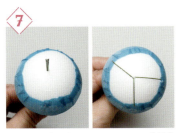
ワイヤー3本を穴に通す。ワイヤーの先端を三方向に曲げ、半球のカーブにそわせるように指でくせづける。

8

ワイヤーの下にボンドを塗り、ワイヤーを接着する。

9

土台布Bにのりを馴染ませ、半球のスチロール面を覆うように貼りつける。土台布全体のシワやヨレをきれいに整えたら、できあがり。

つまみをつくる

本書のつまみには、きほんの剣つまみや丸つまみのほか、それぞれを応用して形づくる変形つまみがあります。

きほんの剣つまみ ▶ p.32

頭の部分が尖っており、シュッと細長いのが特徴です。

剣つまみ端切り
(▶p.70)

返し剣つまみ
(▶p.70)

重ね剣つまみ
(▶p.71)

菱つまみ
(▶p.72)

ダブル菱つまみ
(▶p.73)

きほんの丸つまみ ▶ p.34

丸みのあるフォルムで、全体的にふっくらとしています。

丸つまみ端切り
※剣つまみ端切り(▶p.70)と同じ

尖丸つまみ
(▶p.34)

返し丸つまみ
(▶p.74)

重ね丸つまみ
(▶p.75)

桜つまみ
(▶p.76)

きほんの剣つまみ をつくる

ひなぎく流のつまみ手順は「のり板に置くとつまみが広がってしまう」という悩みを解消。のりを吸わせる放置時間もいりません。

① 布を手にとり表裏を確認。裏面をこちらに向けて手のひらに置く。

② 四方の角と中心にのりをつける。

point 布質によってのりの量は調整が必要。厚手の布は多め、薄手の布は少なめに。

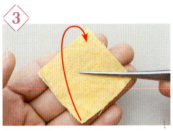

③ 対角線上にそって、ピンセットで布をはさみ、下から上の角に向かって半分に折り上げる。

④ 重なる角と角をきれいに合わせる。

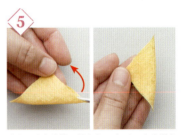

⑤ 合わせた角を指で押さえ、ピンセットを引き抜く。角を押さえたまま、左に90度回転させ向きを変える。

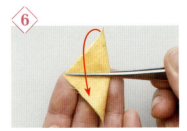

⑥ ピンセットで三角形の中央をはさみ、上から下に向かって半分に折る。

point ピンセットを回転させるようにすると折りやすい。

⑦ 角の端をしっかりと持ったままピンセットを引き抜き、右に45度回転させ向きを変える。

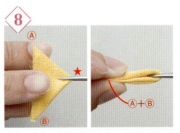

⑧ 写真のように人差し指、中指、親指を使って布を持ちかえ、頂点をピンセットで浅めにはさむ。AとBの角を合わせて半分に折る。

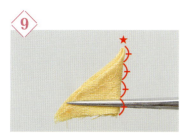

布が「わ」になっている方向からピンセットをはさみこむ。底から1/4程度をはさむのが正しい持ち方。

底にのりをつける。

point のりの量は布質や厚みで調整が必要。薄手の羽二重やキュプラなどの素材は、のりをつけすぎないよう注意が必要。

底にのりを馴染ませる。厚手の布の場合は、布の1枚1枚をかき分けるようにして、しっかりと馴染ませる。

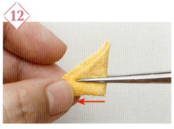

のりを馴染ませた底の部分を親指と中指でつまみ、足から先に向けて指をスライドさせ、細く形を整える。

写真のように全体の形を整えたら、剣つまみのできあがり。

のり板の上に仮置きし、全体に開いてこなければOK。葺くときは、先の部分だけ形を整えてから葺くように。

✕NG

穴が開いてしまう

手順11で行う、のりの馴染ませが足りないのが原因。すべての布にのりが行き渡るよう、指を使ってなじませる。

頭の位置がずれる

手順8のピンセットでつまむ頂点の位置がずれていると、このような不格好な剣つまみができあがる。

全体的に細すぎる

手順2でつけるのりの量が多すぎるのと、指でつまむ力が強すぎると、写真のような極細状態になってしまう。

きほんの丸つまみ
をつくる

丸つまみは両手の手指に力を入れず、ふんわりやわらかな力加減でつまむと美しく仕上がります。

布を手にとり表裏を確認。裏面をこちらに向けて手のひらに置く。

四方の角にのりをつける。一番下の角のみ全体の1/4の範囲にのりをつける。

 中心にのりをつけないよう注意！

「きほんの剣つまみ」の手順3〜7（▶p.32）と同様に布を折りたたみ、写真のように「わ」の部分が上になるように持つ。

三角形に入る中央線よりも少し上の位置をピンセットでつまむ。

ピンセットより下側の布を両側から折り上げる。

3枚の先がそろうように、整えながら折り上げる。

指で先の先端部分をしっかりとつまむ。

ピンセットを抜いたところ。ここから手順9を飛ばし、手順10に進むと「尖丸つまみ」となる。

真ん中の折山の端をピンセットの先で軽く押して、へこみをつくる。

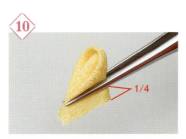

布が「わ」になっている方向からピンセットをはさみこむ。底から1/4程度をはさむのが正しい持ち方。

底にのりをつける。

 point のりの量は布質や厚みで調整が必要。羽二重やキュプラなど薄手の素材は、のりをつけすぎないよう注意が必要。

底にのりを馴染ませる。丸つまみは剣つまみに比べて開きやすいため、布の1枚1枚をかき分けて、のりのつけ残しがないようにしっかりと馴染ませる。

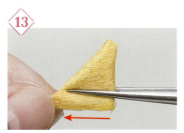

のりを馴染ませた底の部分を親指と中指でつまみ、足から先に向けて指をスライドさせ、形を整える。

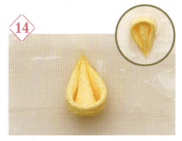

写真のように全体の形を整えたら丸つまみのできあがり。のり板の上に仮置きし、全体に開いてこなければOK。葺くときは、先の部分だけ形を整えてから葺くように。

✕NG 頭のへこみが足りない　　つまみが開いてしまう　　ふくらみが足りない

頭部分のへこみ不足は、手順4でピンセットを真ん中の位置に入れてしまっているか、手順5の折り上げがしっかりされていないことが原因。

手順12で行うのりの馴染ませがしっかりできていない。底のすべての布にのりが行き渡るよう、1枚1枚かき分けながら塗りこむこと。

丸つまみの特徴でもある丸いふくらみが足りないのは、手順2で一番下の角にのりをつけすぎている場合や、指でつまむ力が強すぎる場合が考えられる。

花芯(かしん)のつくり方

花芯に使用するペップには、さまざまな大きさや色合いのものが市販されています。自分のつくる作品に何が似合うかじっくり吟味して、好みに合ったものを購入しましょう。

❖ ペップ花芯　[材料] ペップ7本／木綿糸

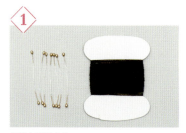

① 材料を用意する。

② ペップ7本をひとつに束ね、花の形に整える。

③ ペップ同士のすき間を埋めるようにボンドをつける。

④ ボンドをつけたところ。

⑤ ペップの根本に糸を巻きつけて、きっちりとしばる。

⑥ ボンドを乾かす。

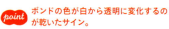

point ボンドの色が白から透明に変化するのが乾いたサイン。

⑦ 手順5で巻きつけた糸の真上あたりをハサミで切る。

⑧ できあがり。使用する際は裏にのりをつけ、花の中心に置く。

❖ 梅桜花芯

[材料] ペップ9本／木綿糸

1 材料を準備する。

2 ペップ9本をひとつに束ね、高さをそろえる。

3 ペップの根本から1cm下の位置にボンドをつけ、その上から糸を巻きつける。

4 糸をきっちりとしばり、ペップが動かないように固定する。

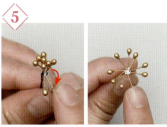

5 ペップの頭をすべて放射状に倒す。

6 3のボンドが乾いたら、糸の真下を切ってできあがり。

❖ うずまき花芯

[材料] 金糸巻針金 約5cm

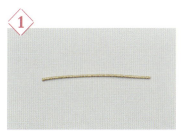

1 材料を準備する。

2 金糸巻針金の先端をペンチで丸め、うずまき状に巻いていく。

3 最後の端を内側に入れこんだら、できあがり。

❀ 姫丸花 (▶p.6)

p.6の作品には厚手正絹生地を使用。花びらにハリがほしいので、厚手着物表地やコットンなどがおすすめです。

[材料] できあがりサイズ … 直径約6cm
丸つまみの花びら…4cm角の布5枚／剣つまみの花びら…4cm角の布5枚／花芯…パールビーズ(8mm)1個、花座(1cm)1個
土台…直径3cmの厚み平土台2wayクリップ(▶p.25)

1
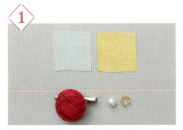

材料を用意する。ここでは丸つまみの花びらに4cm角の布(黄)と、剣つまみの花びらに4cm角の布(青)を用意。

2 布をつまむ
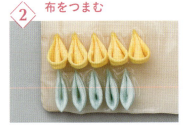

4cm角の布(黄)は丸つまみ(▶p.34)に、4cm角の布(青)は剣つまみ(▶p.32)につまむ。

3

厚紙の持ち手に2wayクリップを取りつける。

point 持ち手は5cm×10cmの厚紙をタテ半分に折ったもの。写真のようにクリップをはさみこんで使用します。

4

ピンセットでのりをひとすくいし、土台の中心に置く。これが中心の目印となる。

5

丸つまみの先を細く尖らせるように形を整える。このとき、底についたのりを取り去らないよう注意する。

6 土台に葺く

丸つまみの先を手順4でつけた目印に向けて葺く。

丸つまみの先は少し土台から浮いていても問題はない。

残りの丸つまみも同様に先の形を整えてから、おおよそ5等分の配置になるように葺く。

 中心にすき間ができないよう注意しながら、手早く葺いていく。

剣つまみも丸つまみ同様に先を尖らせるように形を整える。

丸つまみと丸つまみの間に剣つまみを葺く。

残りの剣つまみも同様に先の形を整えてから、丸つまみの間に葺く。

11を横から見ると、それぞれつまみの足の形が整っておらず安定していない。

形を整える

丸つまみの足の間にピンセットを差しこみ、大きく開く。すべての足を開いたら、全体のバランスを確認。すべて同じ幅の開きになるように調整する。

隣り合った丸つまみの片足同士をピンセットではさみ、すき間をなくすように接着する。

丸つまみの足をすべて接着したところ。

それぞれの丸つまみの頭が均等な形のカーブになるよう、指先で整える。

丸つまみの先に近い部分はピンセットを差しこみ、軽く開いて形を整える。

剣つまみも同様に折山にピンセットを差しこみ、歪みや開きを整える。

全体のバランスを確認し、問題がなければのりを軽く乾かす。

花芯を飾る

中心部が乾いたら、花の中心にボンドをつける。

ボンドをつけた位置に花座を置く。

花座の中にボンドをつける。

花座の中にパールビーズを置く。このとき、ビーズの穴が表に出ないように注意。

できあがり

すべてのボンドが乾いたら、できあがり。

❖ 姫丸菊 (▶ p.7)
ひめまるぎく

p.7の作品には厚手の生地を使用。ハリのある厚手正絹生地やコットン、または八掛などが適しています。

[材料] できあがりサイズ … 直径約5cm
丸つまみの花びら…3cm角の布10枚／剣つまみの花びら…2.5cm角の布5枚、2.7cm角の布5枚／花芯…ペップ花芯 (▶p.36)
土台…直径3cmの厚み平土台2wayクリップ (▶p.25)

1
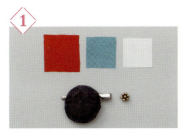

材料を用意する。ここでは丸つまみの花びらに3cm角の布(赤)と、剣つまみの花びらに2.7cm角の布(青)、2.5cm角の布(白)を用意。

2　1段目の布をつまむ

2.5cm角の布(白)、2.7cm角の布(青)をすべて剣つまみ(▶p.32)でつまむ。

3

ピンセットでのりをひとすくいし、土台の中心に置く。

4

剣つまみ(白)の先を細く尖らせるように形を整える。このとき、底についたのりを取り去らないよう注意する。

5　土台に1段目を葺く

剣つまみの先を3でつけた目印に向けて葺く。

6

残りの剣つまみ(白)も同様に先の形を整えてから、おおよそ5等分の配置になるよう葺く。中心に、すき間ができないよう注意する。

⑦ 剣つまみ（白）同士の間に、剣つまみ（青）を葺く。

⑧ 剣つまみ（青）をすべて葺いたら、全体のバランスを見る。剣つまみの頭に近い部分にピンセットを差しこみ、軽く開いて均等な形に整える。

⑨ 葺いた位置が均等かどうかを確認。位置がずれている場合は手早くつまみを移動させ、形を整える。

⑩ すべての剣つまみの形が整ったところ。

2段目の布をつまむ

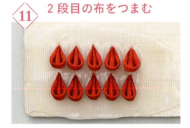

⑪ 3cm角の布をすべて丸つまみ（▶p.34）でつまむ。

土台に2段目を葺く

⑫ 丸つまみの先を細く整え、剣つまみと剣つまみの間に差しこむようにして葺く。

 丸つまみを葺くときは、すき間に置くような感じで差しこみすぎないように。

⑬ 残りの丸つまみも同様にすべて葺く。

形を整える

⑭ 丸つまみの足の間にピンセットを差しこみ、大きく開く。すべての足を開いたら、全体のバランスを確認。すべて同じ幅の開きになるように調整する。

⑮ 隣り合った丸つまみの片足同士をピンセットではさみ、すき間をなくすように接着する。

16 丸つまみの足をすべて接着したところ。全体のバランスを確認し、姫丸花（▶p.40）の手順16～17を参考に丸つまみの形を整える。

17 花芯を飾る
ペップ花芯（▶p.36）の裏にのりをつける。

18 ペップ花芯を花の中心に置く。

×NG のりのつけすぎに注意！
ペップ花芯にのりをつけすぎると、花の上に置いたときに余分なのりがはみ出し、仕上がりが美しくありません。

19 できあがり
花芯ののりが乾いたら、できあがり。

正しいピンセット扱い方

○OK

×NG

つまみ細工で使用するピンセットは、指のような存在です。自分の手に合った、持ちやすいものを選びましょう。ピンセットを持つときは上からではなく下から持ち、お箸と同じように指を添えて扱いましょう。また、ピンセットの先についた余分なのりはこまめに濡れたおしぼりで拭き取り、つまみの布を汚さないようにしましょう。

❖ 重ね梅 (▶p.8)

p.8の作品には1段目に厚手の正絹生地、2～3段目に薄手のアンティーク生地を使用。1段目でハリを、2～3段目でしなやかな風合いを出すと仕上がりも美しくなります。

[材料] できあがりサイズ … 直径約4cm
丸つまみの花びら…2.5cm角の布5枚、3cm角の布5枚、4cm角の布5枚／花芯…梅桜花芯(▶p.37)／土台…直径3cmの平土台 2wayクリップ(▶p.24)

1

材料を用意する。ここでは4cm角の布(白)、3cm角の布(桃)、2.5cm角の布(赤)を用意する。

2　土台に1段目を葺く

材料写真

4cm角の布(白)をすべて丸つまみ(▶p.34)でつまむ。丸つまみの先を整え、土台の中心に合わせて1つ葺く。このとき、土台からつまみがはみ出していても気にしなくてよい。

3

残りの丸つまみも同様に先の形を整えてから、おおよそ5等分の配置になるように葺く。中心に、すき間ができないように注意する。

4　形を整える

丸つまみの足を大きく開き、すべて同じ幅の開きになるように調整する。つぎに隣り合った丸つまみの片足同士をピンセットではさみ、すき間をなくすように接着する。

5

それぞれの丸つまみの頭が均等な形のカーブになるよう、指先で整える。

6　2段目を葺く

3cm角の布(桃)をすべて丸つまみでつまむ。丸つまみの先を整え、1段目の中心に先を合わせて重ねるように葺く。

ピンセットで丸つまみ(桃)の足を開く。

7で開いた丸つまみ(桃)を片足ずつピンセットでつまみ、1段目の丸つまみ(白)の溝に入れこむ。

手順6〜8の要領で、向かい合った位置に丸つまみ(桃)を葺く。

 隣り合った位置から順に丸つまみを葺いていくと、花の形が崩れる恐れがある。

丸つまみ(桃)を5つすべて葺いたところ。頭のカーブや大きさを均等に整え、中心が浮いていたら、しっかりと押さえる。

3段目を葺く

2.5cm角の布(赤)をすべて丸つまみでつまみ、2段目の丸つまみ(桃)の上に重ねて葺いていく。つまみの足は2段目の溝に軽く入れる。

丸つまみ(赤)をすべて葺いたところ。

形を整える

1段目の隣り合った足同士を再度しっかりと接着する。1段目の足は土台からはみ出してOK。

花芯を飾る

梅桜花芯(▶p.37)の裏にのりをつけ、花の中心に差しこむように置く。

できあがり

のりが乾いたら、できあがり。

❖ はんくす丸菊 (▶ p.9)

p.9の作品には薄手のアンティーク生地を使用しました。この作品は繊細に仕上げると美しいので、薄手でしなやかな生地を選びましょう。

[材料] できあがりサイズ … 直径約5cm
丸つまみの花びら（1段目）…2cm角の布6枚、（2〜4段目）…2cm角の布12枚、2.3cm角の布24枚／花芯…パールビーズ（8mm）1個、花座（1cm）1個／土台…直径3cmのはんくす2wayクリップ（▶ p.29）

1
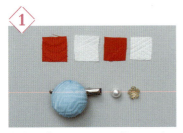

材料を用意する。ここでは1段目に2cm角の布（白）、2段目に2cm角の布（赤）、3段目に2.3cm角の布（白）、4段目に2.3cm角の布（赤）を用意。

2 土台に1段目を葺く

1段目用の2cm角の布（白）をすべて丸つまみ（▶p.34）でつまむ。土台の中心に丸つまみの先を合わせて2つ葺く。

3

土台を回転させながら、手順2で葺いたそれぞれの丸つまみの間に、等間隔の配置で2つ葺く。

4

手順3の要領で、反対側のスペースに残りの丸つまみを葺く。

point 土台の中心に葺けているか、しっかりチェックする。

5 形を整える

丸つまみの足を大きく開き、すべて同じ幅の開きになるように調整する。隣り合った足同士をくっつける必要はなく、自然に開いておくだけでOK。

6 2段目を葺く

2cm角の布（赤）をすべて丸つまみでつまむ。丸つまみの先を細く整え、1段目のつまみとつまみの間に差しこむように葺く。

point 差しこみすぎないように注意！

7

2つ目の丸つまみ（赤）は、1段目の丸つまみの真下に差しこむように葺く。

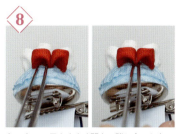

8

丸つまみの足を大きく開き、隣り合った丸つまみの片足同士をピンセットではさみ、すき間をなくすように接着して形を整える。

9

手順6〜7を交互に繰り返しながら、残りの丸つまみ（赤）を葺く。

point 丸つまみ（赤）の差しこみ幅を等間隔にすると仕上がりが美しい。

10 3段目を葺く

2.3cm角の布（白）をすべて丸つまみでつまみ、すべて2段目の丸つまみの真下に葺く。手順8の要領で足の開きを整える。

11

3段目をすべて葺いたところ。

12 4段目を葺く

2.3cm角の布（赤）をすべて丸つまみでつまみ、すべて3段目の丸つまみの真下に葺く。手順8の要領で足の開きを整える。

13 形を整える

すべて葺き上がったら、全体の形を整えて軽く乾かす。

14 花芯を飾る

花の中心にボンドをつけ、花座とパールビーズを貼る。

15 できあがり

すべてのボンドが乾いたら、できあがり。

❖ カメリア （▶p.10）

p.10の作品には、やわらかいダブルガーゼを使用。丸つまみの愛らしさを活かすには、適度なハリと、しなやかさを併せ持つ素材がおすすめです。

[材料] できあがりサイズ … 直径約5cm
丸つまみの花びら…2.5cm角の布3枚、3cm角の布5枚、4cm角の布5枚／土台…直径3cmの平土台2wayクリップ（▶p.24）

①

材料を用意する。ここでは1段目に4cm角の布（桃）、2段目に3cm角の布（青）、3段目に2.5cm角の布（黄）を用意。

② 土台に1段目を葺く

4cm角の布（桃）をすべて丸つまみ（▶p.34）でつまむ。丸つまみの先を整え、土台の中心に合わせて葺く。

③ 形を整える

残りの丸つまみも同様に先の形を整えてから、おおよそ5等分の配置になるように葺く。すべての足が同じ幅の開きになるように調整し、全体の形を整える。

④ 2段目を葺く

3cm角の布（青）で丸つまみを5個つまむ。丸つまみ（青）の先を整え、1段目の丸つまみ同士の境目の上に仮置きする。

point 1段目の中心と丸つまみの先をそろえる。

⑤

ピンセットで丸つまみ（青）の足を軽く開く。

⑥

手順5で開いた丸つまみ（青）を片足ずつ、1段目の丸つまみ（桃）の上に置く。

point 1段目のつまみの真ん中（点線）に足を置いていく。

⑦

2段目に丸つまみを葺いたところ。

⑧ 形を整える

2段目にを葺いたところ。

手順4～6の要領で、残りの丸つまみ（青）をすべて葺く。隣り合った丸つまみの片足同士をピンセットではさみ、すき間をなくすように接着して形を整える。

⑨

2段目をすべて葺いたところ。

⑩ 3段目を葺く

2.5cm角の布（黄）をすべて丸つまみでつまむ。丸つまみ（黄）の先を整え、1段目の丸つまみ同士の境目の上に仮置きする。

⑪

ピンセットで丸つまみ（黄）の足を軽く開く。

⑫

11で開いた丸つまみ（黄）を片足ずつピンセットでつまみ、2段目の丸つまみ（青）の上に置く。

point 2段目の1.5個分の位置に3段目の1個を葺く目安で。

⑬

3段目に丸つまみを葺いたところ。

⑭ できあがり

3段目をすべて葺き、全体の形を整えたらのりを乾かして、できあがり。

49

✤ 剣菊 けんぎく （▶p.12）

p.12の作品にはキュプラを使用。剣つまみをシャープに形づくることがポイントとなるため、伸び縮みしない生地がおすすめです。

[材料] できあがりサイズ … 直径約5.5cm
剣つまみの花びら（1段目）…2cm角の布12枚、（2段目）…2cm角の布12枚、（3段目）…2.5cm角の布12枚、（4段目）…2.5cm角の布24枚／花芯…うずまき花芯（▶p.37）／土台…直径3cmのはんくす2wayクリップ（▶p.29）

1
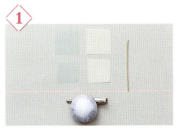

材料を準備する。ここでは1段目に2cm角の布（緑・黄）、2段目に2cm角の布（桃・青）、3段目に2.5cm角の布（緑・黄）、4段目に2.5cm角の布（桃・青）を用意。

2 土台に1段目を葺く

1段目用の2cm角の布（緑・黄）をすべて剣つまみ（▶p.32）でつまみ、土台の中心に合わせて1つ葺く。

3

向かい側に剣つまみを葺き、きれいな直線になるよう位置を整える。

point 中心がずれていないか、横からも確認する。

4
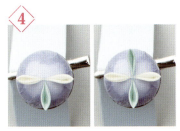

3に対して十字になるよう剣つまみを2つ葺く。このとき先端にすき間ができないように注意。

point 土台の中心に葺けているか、さまざまな角度からしっかりチェックする。

5

黄色と緑の剣つまみの間に、黄色の剣つまみを①〜④の順に2つずつ葺く。

6

手順5の要領で緑の剣つまみを葺く。

point つまみの先が中心からずれないよう、放射線上に葺くのがポイント。

7 形を整える

横から剣つまみの位置や並びを確認する。足の下が斜めになっている場合は、まっすぐに整え、それぞれの足の位置を等間隔になるよう調整する。

8

真上からも確認し、歪みや開きを整える。

point それぞれの剣つまみの開きに、少しふくらみをもたせると仕上がりが美しい。

9 2段目を葺く

2cm角の布(桃・青)をすべて剣つまみでつまむ。つまみの先を細く整え、1段目のつまみとつまみの間に葺く。

point 押し込まず「置く」ように葺くとよい。

10

残りの剣つまみも同様にすべて葺く。

point 緑の左隣下に桃を葺く。以降、すべて左隣下で色を変えるように葺いていくとp.12の作品のように美しく仕上がる。

11 3段目を葺く

2.5cm角の布(緑・黄)をすべて剣つまみでつまむ。3段目は1段目のつまみのA・Bどちらかのすき間に葺く。

point つまみの先端が入りやすい方を選んで。

12

1つ葺いたところ。今回はAのすき間に葺いた。3段目も2段目と同様、押し込まず「置く」ように葺くこと。

13 形を整える

残りの剣つまみも同様にすべて葺き、つまみにふくらみをもたせる。

14 4段目を葺く

2.5cm角の布(桃・青)をすべて剣つまみでつまむ。4段目は2段目のつまみの両側のすき間に1つずつ葺く。

point 4段目の足は土台からはみ出してOK。

15 できあがり

4段目をすべて葺いたら、位置やバランスを調整し、のりを乾かす。中央にうずまき花芯(▶p.37)をボンドで貼れば、できあがり。

❖ 三角浪漫ばら (▶p.13)

p.13の作品には厚手生地を使用。形をしっかりとつくる作品のため、ハリのある厚手生地やダブルガーゼ、ウール生地などが適しています。

[材料] できあがりサイズ … 直径約7cm
剣つまみの花びら…4cm角の布2枚、4.5cm角の布5枚、5cm角の布5枚/花芯…小粒ビーズ、パールビーズ、スワロフスキー適量/土台…直径3cmの平土台2wayクリップ(▶p.24)/その他の飾り…タッセル飾り1本

1

材料を用意する。ここでは1段目に5cm角の布(黄)、2段目に5cm角の布(白)、3段目に4.5cm角の布(青)、4段目に4.5cm角の布(黄)、5段目に4cm角の布(白)を用意。

2 布をつまむ
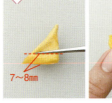

5cm角の布(黄)をすべて剣つまみ(▶p.32)でつまむ。

 三角浪漫ばらの剣つまみは、底から7〜8mmの位置までしっかりとのりを馴染ませること。

3 土台に1段目を葺く

剣つまみを写真のように配置する。

 剣つまみの足は土台の縁にそろえ、はみ出さないようにする。

4

片方の先をピンセットでつまみ、土台の縁まで移動させる。

5

もう片方の先も同様に土台の縁まで移動させ、底をしっかりと接着する。

6

両方の先を指で押さえながら頭をつまみ、外側へ倒す。

横から見ると平らになるくらい、しっかりと倒す。

2つめの剣つまみを写真のように仮置きし、手順4〜7の要領で頭を倒す。

3つ目の剣つまみも同様に葺く。

 1か所だけ、つまみ同士の間隔が狭くなるようにランダムに配置する。

10 2段目を葺く

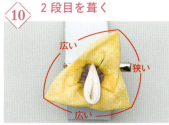

5cm角の布(白)をすべて剣つまみでつまみ、1つを中央の空いたスペースに仮置きし、先を開いて接着する。

 頭はあまり倒しすぎず、立たせぎみに。

2つ目の剣つまみも同様に葺く。

横から剣つまみ(白)の倒れ具合を確認する。

 2段目はあまり寝かせず、斜めに倒れる程度にとどめておく。

13 3段目を葺く

4.5cm角の布(青)をすべて剣つまみでつまみ、写真のように置いて先を開く。

2つ目の剣つまみも同様に葺く。

3つ目の剣つまみも同様に葺く。

⑯ 4段目を葺く

4.5cm角の布（黄）をすべて剣つまみでつまみ、先の部分を指で押してカーブをつける。

⑰

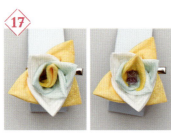

中央の空いたスペースに仮置きし、先を開く。

⑱

もう1つの剣つまみも同様に先にカーブをつけて中央の空いたスペースに葺き、先を開く。

⑲ 5段目を葺く

4cm角の布（白）をすべて剣つまみでつまみ、写真のように向かい合うように葺く。

point 布地の厚みや配置で中央に葺く枚数は変わる。枚数を増やしてもよい。

⑳ 形を整える

花びらの開き具合やカーブは指でくせをつけて調整する。

point 2段目（白）までの花びらは外側へ反らせたほうが仕上がりが美しい。

㉑

つまみの先が外れている場合は、ピンセットを使って中へ入れこむ。

㉒

それぞれの花びらが互い違いになっているかどうかバランスを確認し、問題がなければ、のりを乾かす。

㉓ 花芯を飾る

中央にボンドをつけ、パールビーズなどを貼る。数や大きさは好みでOK。

㉔ できあがり

2wayクリップの安全ピンにタッセル飾りを通したら、できあがり。

✤ 姫ブーケ （▶p.15）

p.15の作品には正絹一越ちりめんを使用。ちりめんのほか、しなやかな生地が向いています。同色のグラデーションのほか、柄生地を使っても。

[材料] できあがりサイズ … 直径約5cm
丸つまみの花びら…2cm角の布18枚／剣つまみの葉…2cm角の布6枚／花芯…ペップ花芯3個（▶p.36）／土台…直径3cmの厚み平土台2wayクリップ（▶p.25）

1

材料を用意する。ここでは丸つまみの花に2cm角の布（黄・桃・青）をそれぞれ6枚ずつ、剣つまみの葉に2cm角の布（緑）を用意。

2 土台につまみを葺く

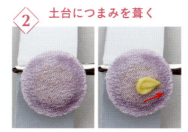

2cm角の布（黄）をすべて丸つまみ（▶p.34）でつまむ。土台の中心に丸つまみの足を合わせ、先を2wayクリップの金具に向けて葺く。

3

丸つまみの足を大きく開く。

 ピンセットで片足ずつつまみ、しっかりと開くことが大切。

4

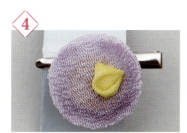

1つ目を葺いたところ。真上から見て足がきちんと開いているかを確認する。

5

2つ目の丸つまみを写真のように置き、1つ目のつまみ同様に足を大きく開く。このとき、1つ目と2つ目の片足同士がつくように位置を調整する。

6

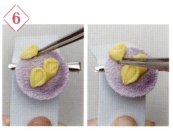

3つ目の丸つまみは適当な位置に仮置きし、その場で足を大きく開く。

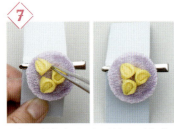

つまみの足をピンセットではさみ、少しずつ引き寄せながら中心に移動させる。

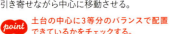

土台の中心に3等分のバランスで配置できているかをチェックする。

それぞれの足同士がピッタリとつくように位置や形を調整する。

2cm角の布(桃)をすべて丸つまみでつまみ、写真のように2つの先をつけるようにして葺く。

丸つまみ(黄)と同様に、2つのつまみの足も大きく開いて形を整える。

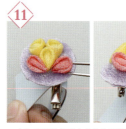

つまみの足は台座からはみ出さない位置でとめる。

手順9〜10の要領で残りの丸つまみも葺く。

2cm角の布(青)をすべて丸つまみでつまみ、写真のように丸つまみ(桃)下の空いたスペースに葺く。足を開き、隣り合ったつまみの片足同士をピンセットでくっつける。

13を横から見たところ。丸つまみ(青)は土台から少しはみ出すくらいの位置でよい。

手順13の要領で残りの丸つまみも葺き、つまみの大きさとバランスを整え、頭の丸みをそろえる。

2cm角の布（緑）をすべて剣つまみ（▶p.32）でつまみ、全体を細く整える。葺く直前に先の部分を指で押してカーブをつけておく。

写真のように丸つまみ（桃）下の空いたスペースに葺く。

point 丸つまみのカーブに剣つまみをそわせるように置く。

反対側も同様に剣つまみを葺く。

剣つまみをすべて葺いたところ。

手順2でつまんでおいた残りの丸つまみ（黄）を剣つまみ同士の間に差しこむ。

point 奥まで差しこみすぎると、花の形が崩れてしまうので注意すること。

形を整える

丸つまみの足を大きく開き、形を整える。

丸つまみ（黄）をすべて葺いたところ。全体のバランスを確認する。

できあがり

ペップ花芯（▶p.36）に軽くのりをつけ、花の中心に置いて軽く押さえる。全体の形を整え、のりを乾かしたら、できあがり。

裏から見たところ。花びらと葉は土台から少しはみ出しているくらいでOK。

上手な色合わせのコツ

色同士の相性をきちんと理解しておくと、作品をつくるときの色選びも簡単！

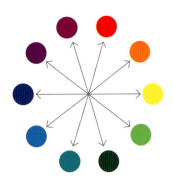

◆ 色と色の相性

それぞれの色には、相性のいい色と、そうではない色があります。まず、左図のカラーチャートで隣り合った色は「隣接色」といい、とても近い色同士のため相性がよく統一感を出したいときや、初心者におすすめです。また、真向かいにある「反対色」も、お互いの色を引き立て合う相性のいい組み合わせになります。

◆ トーンをそろえた色選び

隣接色や反対色を使うとき、色のトーンを意識することも大切です。トーンとは「明るさ」と「鮮やかさ」をかけ合わせてつくる色のグループのこと。パステル系やグレー系、ヴィヴィッド系など、同じトーングループの中から隣接色や反対色を選ぶと失敗しません。まずは使いたい色同士が同じトーンなのかを確認しましょう。

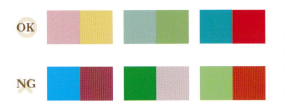

◆ 四季の色を取り入れる

色合いで季節感を表現するのもおすすめです。例えば春はパステルカラーの明るくきれいな色、夏は鮮やかなヴィヴィッドカラーや涼しげな寒色系、秋は濁りの入った落ち着いた印象の色、冬はヴィヴィッド〜深みのある色などがイメージ。どの季節に身につけたいかを想像しながら色選びするのもいいでしょう。

Part
2

つまみ細工アクセサリーで
季節を彩る

デコレーション桜のチャーム
how to make ▶ p.78

咲きほころぶ桜の花々をチャームにアレンジしました。
ひなぎく流の桜つまみはのりで固く仕上げているので、
チャームなどのアクセサリーに最適です。

桃の花の一輪かんざし

how to make ▶ p.88

大輪の桃の花をダブル菱つまみで表現しました。インパクトのある一輪花は、シンプルな着物やまとめ髪ととても相性がよいのでおすすめです。

金魚の帯飾り
how to make ▶ p.89

ふくふくとした真っ赤な金魚を2匹あしらった帯飾り。浴衣の帯に透かし金具を差しこめば、歩くたびにゆらゆらと揺れる様がまるで泳いでいるかのように見えます。

玉ばらのチョーカー
how to make ▶ p.80

ころんと丸いフォルムがかわいい玉ばらと変形つまみを用いた蕾や葉をひとつに合わせてボリュームのあるチョーカーに。金具を変えてブローチにしても素敵です。

剣菊の プチジュエリー

how to make ▶ p.90

小さな一段剣菊でつくるピアス。清楚で可憐な佇まいは、身につけた女性の美しさをじゅうぶんに引き出してくれます。金具を変えてリングやネックレスにも。

実り色のバレッタ
how to make ▶ p.91

レンガの壁に寄り添う蔦、時間をかけながらほんのりと紅葉する葉をバレッタに閉じこめて。古布を用いることでシンプルな形のつまみも、にぎやかな印象に。

ポインセチアの飾りピン
how to make ▶ p.86

クリスマスの季節を連想させるポインセチア。返し剣つまみは、リース飾りとして楽しめるほか、ブローチや髪飾りにアレンジが可能。パーティの装いにプラスして。

雪の結晶のブローチ
how to make ▶ p.92

真夜中、静かに降る雪をブローチに仕立てました。小さな剣つまみを重ねてつくる雪の結晶は、まるで手のひらで溶けていく雪のように繊細で無垢な仕上がりに。

お正月飾りの帯留め
how to make ▶ p.93

まるでおせち料理のような、にぎやかさを
感じさせるお正月飾りの帯留め。金具を
2wayピンに変えれば、子どもの晴れ着の
帯飾りにもぴったりです。

How to make
2

つまみ細工の応用

変形つまみ
のつまみ方

きほんの剣つまみ・丸つまみをマスターしたら、変形つまみにもチャレンジしてみましょう。作品の幅が広がり、さらにつまみ細工が楽しくなります。

❖ 剣つまみ端切り

作品によって切る割合は異なります。

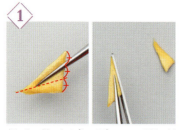

① きほんの剣つまみ（▶p.32）1〜9の手順で剣つまみをつまみ、指示通りの位置から先に向かってカットする（ここでは1/3のところ）。

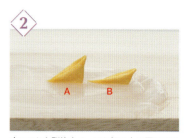

② 底にのりを馴染ませ、のり板の上に置いてできあがり。Aが剣つまみ、Bが剣つまみ端切り。Aに比べてBは高さがなくフラットな印象。

❖ 返し剣つまみ

その名の通り剣つまみを返してつくります。本書では葉などに使われます。

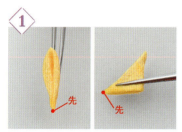

① きほんの剣つまみ（▶p.32）1〜13の手順で剣つまみをつまむ。

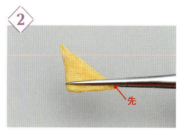

② つまみの足と先を逆に持ち変える。

point ピンセットの先端を腰の方までしっかりと入れておくことが大切。

③ 利き手ではない人さし指と親指で折り山をめくるように開く。

④ 頭の方まで折り山を開いていき、全体の形を整える。

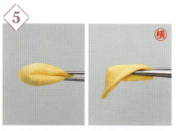

⑤ しっかりと折り山が返されているかどうか、横からも確認する。

⑥ のり板にのせるときは、つまみの先から2/3の位置までのせるように注意する。

❖ 重ね剣つまみ

剣つまみを2枚重ねてつくるためボリューム感が出ます。

1

内側にくる布（青）は外側にくる布より3mm小さいものを用意する。

2

内側にくる布（青）をきほんの剣つまみ（▶p.32）1〜7の手順でつまみ、中指と薬指の間ではさむ。

3

親指と人差し指をつかって外側にくる布（白）を手に取り、同様にきほんの剣つまみ（▶p.32）1〜7の手順でつまむ。

4

内側にくる布（青）をピンセットで引き抜き、外側にくる布（白）の上に重ねる。

5
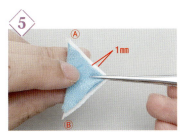

布同士を重ねるとき、約1mmずらすようにして重ねる。

6
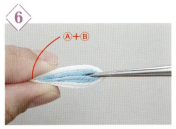

頂点をピンセットで浅めにはさみ、AとBの角を合わせて半分に折る。

7
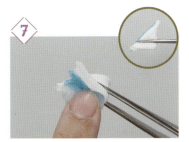

底にのりをつける。布の数が多いので、すべての布と布の間にのりが行き渡るように1枚1枚かき分けるようにしてよく馴染ませる。

8

のり板の上に仮置きする。

9

全体に開いてこなければOK。葺くときは、先の部分だけ形を整えてから葺くようにする。

❖ 菱つまみ

剣つまみと丸つまみを合わせたようなつまみ。ピンセットから外れやすいため、丁寧につまみましょう。

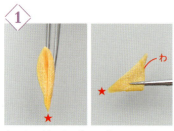

1. きほんの剣つまみ（▶p.32）1～13の手順で剣つまみをつまむ。

2. 折り山が下にくるように、つまみを上下逆に持ち変える。

3. ピンセットを軸にして親指と人差し指で先を折り返す。

4. 折り返した先同士を重ねあわせるようにして指でつまむ。

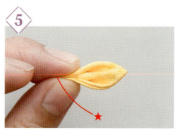

5. ピンセットを引き抜く。

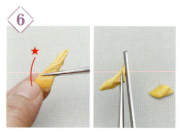

6. ピンセットを真横から差し入れ、先の部分をはさみでカットする。

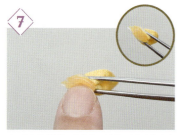

7. カットした断面にのりをつける。1枚1枚をかき分けるようにして、よく馴染ませる。

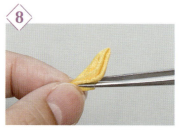

8. のりを馴染ませた底の部分を親指と中指でつまみ、足から先に向けて指をスライドさせ、細く形を整える。

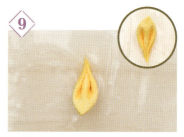

9. のり板に仮置きする。

❖ ダブル菱つまみ

菱つまみをさらに変形させてつくるつまみ。ピンセットから外れやすいので注意。

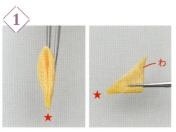

①　きほんの剣つまみ（▶p.32）**1〜13**の手順で剣つまみをつまむ。

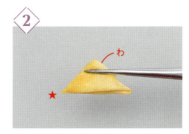

②　菱つまみ同様に折り山が下にくるように、つまみを持ち変える。

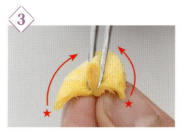

③　ピンセットを軸にして親指と人差し指で先を折り返す。

④　折り返した先同士を重ねあわせるようにして指でつまむ。

⑤　ピンセットを引き抜く。ここまでは菱つまみと同じ。

⑥　ピンセットを真横から浅めに差し入れ、利き手ではない人さし指と親指で折り山をめくるように開き返す。

⑦　折り返した部分をピンセットではさみ直し、余分な部分をカットする。

⑧　切断面にのりをつける。布と布の間にのりが行き渡るように1枚1枚をかき分けるようにして、よく馴染ませる。

⑨　全体の形を整え、のり板に仮置きする。

❖ 返し丸つまみ

丸つまみの変形。本来はのりを使用しますが、時短のためにボンドを使用します。

1
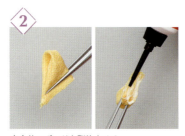
きほんの丸つまみ（▶p.34）1〜9の手順で丸つまみをつまむ。

2

底全体にボンドを馴染ませる。

3

ボンドを馴染ませたところ。この状態でボンド部分が開かないよう、しっかりと馴染ませること。

4
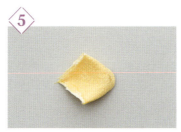
腰の方からピンセット差し入れて足を開く。

5

開いた状態で、ボンドを半乾きの状態まで乾かす。

6

底同士が重なりあうようにピンセットで折り返す。

7
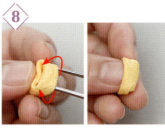
重なりあった底の部分を親指で押さえる。

8
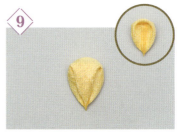
底は親指で押さえつつ、頭の表側からピンセットを差し入れ、頭を親指側にひっくり返す。

9
貼り合わせた底のボンドを乾かす。

❖ 重ね丸つまみ

サイズ違いの布を重ねてつくる、ボリューム感のある丸つまみです。

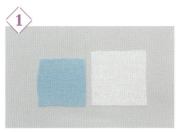

つまみの内側にくる布（青）は、外側の布（白）より3mm程度小さく切ったものを用意する。

内側用の布の頂点（1か所のみ）にのりをつけ、下から上に向かって布を半分に折る。さらに折り上げた布の上にのりをつける。

2の上に外側の布を重ね、頂点にのりをつける。

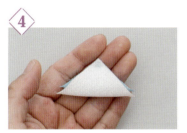

手順2と同様に半分に折る。

きほんの剣つまみ（▶p.32）の手順6〜7と同様に★同士を合わせるように上から下に折り、布（青）の半分より少し上にピンセットを入れる。

ピンセットより下側の布を両側から折り上げ、★同士の角を重ねる。

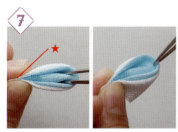

★部分をしっかりとつまみ、真ん中の折り山の端をピンセットの先で軽く押して、へこみをつくる。

底にのりをつける。布をかき分け、のりのつけ残しがないように馴染ませたら、足から先に向けて指をスライドさせて形を整える。

のり板の上に仮置きする。

❖ 桜つまみ

丸つまみをハート型に変形させます。ひなぎく流桜つまみは少々難しいので慎重につまみましょう。

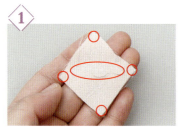

①
布を手に取り、四方の角にのりをつける。真ん中の長丸の位置には、のりを厚めに置く。

②
真ん中に置いたのりがつぶれないように気を配りながら、きほんの丸つまみ（▶p.34）の手順 **3〜9** にならって丸つまみをつまむ。

point ピンセットに力が入りすぎないよう注意。

③
丸つまみをつまんだところ。のりの厚みでぷっくりとした丸つまみができあがる。きほんの丸つまみ（▶p.34）と同様に底にのりを馴染ませる。

④
のり板に仮置きし、つまみの中ののりが布に馴染むのを待つ。

⑤
のり板からつまみを取り外し、乾いた板（または土台）の上に置く。

⑥
ピンセットで足を大きく開く。

⑦
つまみの頭の中心にピンセットの先を押し当てて、くぼみをつくる。

⑧
7でつくったくぼみを下側からピンセットではさみこみ、形をくせづける。

⑨
くぼみのくせがついたら、できあがり。型崩れしないように、そっと乾かす。

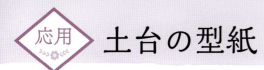

応用 土台の型紙

本書で使用する土台や土台布の型紙です。つくりたい作品の型紙として、コピーまたはトレーシングペーパーなどにトレースして使用しましょう。

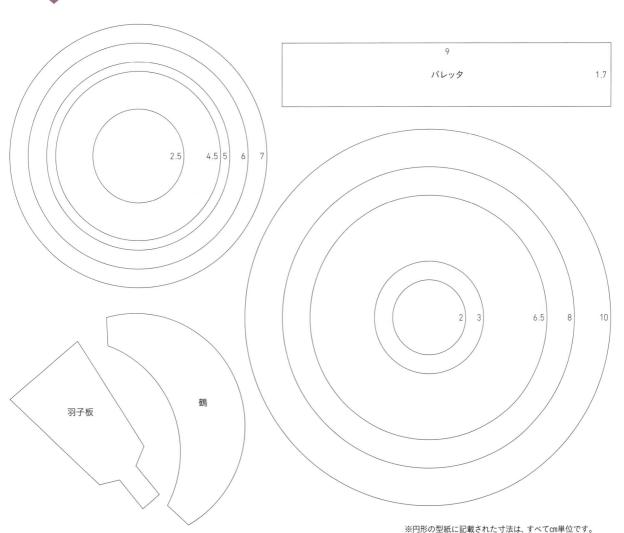

※円形の型紙に記載された寸法は、すべてcm単位です。

❖ デコレーション桜のチャーム (▶p.60)

p.60の作品には襦袢地を使用。花びらに桜つまみ特有のくぼみをつくるため、やわらかくてしなやかな生地が合います。

[材料] できあがりサイズ…直径約4.5cm
桜つまみの花びら…2cm角の布15枚／花芯…梅桜花芯2個（▶p.37）／その他の飾り…パールビーズ（4mm）、パールビーズ（8mm）、オーロラビーズ（6mm）、スワロフスキー（9mm）すべて適量／土台…直径4cmのシェル土台（▶p.26）／その他の飾り・金具…バッグチャームチェーン、丸カン（8mm）2個、丸カン（5mm）1個、Tピン1本、パールビーズ（8mm）1個

①
材料を用意する。飾りに使用するビーズやスワロフスキーは好みの大きさのものを用意する。

② 土台につまみを葺く

2cm角の布をすべて桜つまみ（▶p.76）の手順1～5の要領でつまみ、つまみが土台の端から半分出るくらいのバランスで1つ葺く。

point 土台の金具の真上に葺く。

③

4つの桜つまみをおおよそ5等分の配置にして葺く。中心にすき間ができないよう注意する。

point この時点ではつまみの頭を折り込まず、丸つまみに近い状態でOK。

④

桜つまみの足を大きく開き、すべて同じ幅の開きになるように調整する。つぎに隣り合った桜つまみの片足同士をピンセットではさみ、すき間をなくすように接着する。

⑤
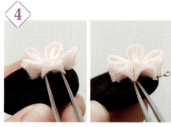

4で葺いた桜の下にもう1輪分の桜つまみを葺く。このとき、花と花の間にすき間ができないように注意する。

⑥

空いたスペースに桜つまみを2つ葺く。足の開きを調整し、全体のバランスを整える。

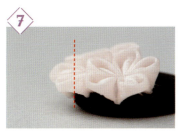

6で葺いた桜つまみは無理に土台におさめず、少しはみ出すくらいの位置でOK。

5で葺いた桜の下に桜つまみを1つ葺く。

8のつまみの先に合わせるように桜つまみを2つ葺き、それぞれの足を開いて花の形に整える。

10 花びらを形づくる

くぼみをつける

すべての桜つまみの頭をピンセットで内側に折りこむようにはさんでくせづけし、くぼみをつくる。

11 花芯を飾る

メインの桜の花2輪に梅桜花芯（▶p.37）を貼り、全体を乾かす。

12 デコレーションする

空いたスペースを埋めるように、パールビーズ（8mm）をボンドでつける。その上にワンポイントとしてスワロフスキーを上から貼りつける。

土台が見えないように、小さなパールですき間を埋める。

point 全体がきれいな円形のフォルムになるように、バランスを見ながらパールを飾る。

14 金具をつくる

Tピンでつける

チェーンに飾りパールをTピンと丸カン（5mm）で取りつける。

15 できあがり

チェーンとモチーフを丸カン（8mm）でつないで、できあがり。

✤ 玉ばらのチョーカー (▶p.63)

p.63の作品には正絹一越ちりめんを使用。玉ばらのような丸みのあるフォルムには、ふっくらとした生地がおすすめです。

[材料] できあがりサイズ…約7cm×6cm

丸つまみの花びら…3cm角の布3枚、3.5cm角の布3枚、4cm角の布3枚／返し丸つまみのつぼみ…2cm角の布2枚、3.5cm角の布4枚／返し剣つまみの葉…4cm角の布6枚／花芯…パールビーズ(10mm)1個／土台…直径3cmのおちりん平土台(▶p.27)1本、直径2cmのおちりん平土台2本(直径3mmの土台布2枚)／その他…透かしパーツ(直径4.5cm)1個、チョーカーパーツ1個、バチカン1個、地巻ワイヤー9cm×2本、ティッシュペーパー、直径2cmの丸布1枚

1

材料を用意する。

2 土台に1段目を葺く

4cm角の布をすべて丸つまみでつまむ。底にしっかりとのりを馴染ませ、足を土台の端にそろえるようにして丸つまみⒶを葺く。

3

Ⓐの足を大きく開く。

4

ピンセットで先を押さえ、軽く接着する。

5

片側の先をはずし、土台の円周にそって貼りつける。

 先は作業中に外れやすい部分のため、ここでしっかりと接着しておく。

6
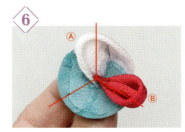
土台を3等分した線上に丸つまみⒷを葺く。

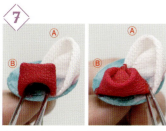

Ⓑの足を大きく開く。Ⓐ側の足はⒶの先の上に重なるように置く。

つまみⒷの片側の先をはずし、Ⓐの内側におさまるように移動させ貼りつける。Ⓑのもう片方の先は土台の円周にそって貼りつける。

手順6と同様に3等分した線上に丸つまみⒸを葺く。

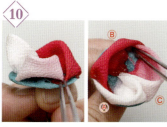

Ⓒの足を大きく開く。つまみⒸの片側の先をはずし、Ⓑの内側におさまるように移動させて貼りつける。

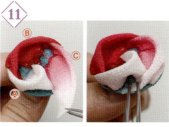

Ⓒのもう片方の先はⒶの外側に移動させ、Ⓐの下に入れこむように貼りつける。

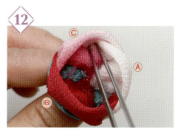

ⒶのⒸ側の先をⒸの内側に貼る。

花びら同士の重なり目がもたつく場合は、花びらがなだらかになるようピンセットで整える。また、先が外れそうになっていたら、しっかりと接着する。

1段目の花びらが整ったところ。

2段目を葺く

3.5cm角の布をすべて丸つまみでつまむ。1段目のⒷとⒸが重なりあう位置に丸つまみを1つ葺き、足を開く。

先を広げ、1段目のつまみの壁にそれぞれの先を貼りつける。

手順15〜16と同様に丸つまみを葺いて、足と先を開く。

手順15〜16と同様に丸つまみを葺いて、足と先を開く。

3段目を葺く

3cm角の布をすべて丸つまみでつまむ。手順15と同様に2段目の重なりあう位置に丸つまみを1つ葺き、足と先を開く。

手順15〜16と同様に丸つまみを葺いて、足と先を開く。

手順15〜16と同様に丸つまみを葺いて、足と先を開く。

花芯を飾る

中心にボンドを厚めにつけ、花びらを壊さないよう気をつけながらパールビーズを入れこむ。外側から指を使って丸みのある形に整える。

葉をつくる

直径2cmのおちりん平土台を写真のように切る。

ワイヤーに土台布を通す。

土台布を平土台より3〜4mm大きめに切り、布端にボンドをつける。

布端をやや引っ張りながら中心に向かって折りこみ、貼りつける。

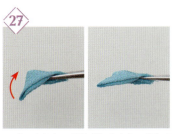

4cm角の布をすべて返し剣つまみ（▶p.70）でつまみ、横から見て平らになるように頭を返す。

26でつくった、おちりん変形平土台の中央に葺く。

手順28で空けておいたスペースにつまみの先を合わせるようにして、残りを葺く。

point　2段目と1段目の外側がそろうように内側に寄せて葺くとよい。

同じものをもう1本つくる。

つぼみをつくる

地巻きワイヤーの先端を折り曲げる。

細く折ったティッシュペーパーをワイヤーの先端に引っかける。

ティッシュペーパーを二つ折りにする。

ティッシュペーパー全体にボンドをつけ、強めに巻きつけていく。

両端が細くなるように強くひねり、形を整える。

3.5cm角の布をすべて返し丸つまみ（▶p.74）でつまむ。

返し丸つまみの内側にボンドをつけ、ワイヤーのティッシュペーパー部分に貼りつける。

37のつまみの縁にボンドをつけ、もう1つの返し丸つまみを重ねあわせるように貼りつける。

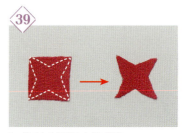

2cm角の布を写真のように切る。

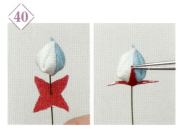

39の布をワイヤーに通し、内側にボンドをつけて重ねあわせた返し丸つまみに貼る。

すべて貼りつけると、玉ばらのつぼみができあがる。

同じものをもう1本つくり、すべてのパーツを乾かす。

㊸ 金具につける

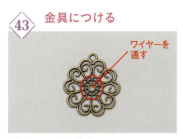

透かしパーツを用意する。

中心周辺の穴に玉ばら、つぼみ、葉のワイヤーを通し、正面から見て美しい形になるようにそれぞれの位置を整える。

透かしパーツの真下で、それぞれのワイヤーをひとつにまとめてひねる。

まとめたワイヤーのなかから1本を抜き出し、ワイヤーの束に巻きつけて、ばらつかないように固定する。

余分なワイヤーをニッパーで切り取る。

ワイヤーがほどけないようにグルーをつけて固める。

グルーが固まる前に表面をなだらかに整え、冷えて固まったら丸布をのりで貼る。

全体ののりを乾かす。

㉛ できあがり

透かしパーツとチョーカーパーツをバチカンでつないで、できあがり。

❖ ポインセチアの飾りピン (▶ p.66)

p.66の作品には正絹一越ちりめんを使用。ポインセチアのボリューム感を出すには、やや厚みのある生地が適しています。

[材料] できあがりサイズ … 直径約6cm
返し剣つまみの葉…4.5cm角の布5枚、5cm角の布3枚／菱つまみの葉…4.5cm角の布5枚／花芯…ペップ花芯1個／土台…直径3cmの厚み平土台（▶p.25）／その他…飾りピン1本
※土台は持ち手の厚紙に両面テープで固定しておく。

1

材料を用意する。ここでは5cm角の布（緑）を3枚、4.5cm角の布（桃）を5枚、（白）5枚を用意。ペップ花芯は10本ほどのペップをランダムにまとめたものを使用。

2 土台に1段目を葺く

5cm角の布（緑）をすべて返し剣つまみ（▶p.70）でつまむ。土台の中心に返し剣つまみの先を合わせて1つ葺く。土台に貼りつけた部分が平らになるようにピンセットで押さえる。

3

残りの返し剣つまみを葺く。

 point つまみとつまみの間隔を1か所だけ狭めにとっておく。

4 2段目を葺く

4.5cm角の布（桃）をすべて返し剣つまみでつまみ、手順3で間隔を広めにとった位置に2つずつ葺く。

5

間隔の狭い位置に残りのつまみを葺く。

6

ピンセットでつまみを押さえながら、頭だけを上に返す。

⑦ 手順6と同様に2段目の返し剣つまみの頭もすべて返したところ。

⑧ **3段目を葺く**

指で返す

4.5cm角の布（白）を菱つまみ（▶p.72）でつまんだら、つまみの両端を返すようにして、形を整える。

⑨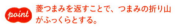

ふっくらとする

菱つまみの両端を返したところ。

point 菱つまみを返すことで、つまみの折り山がふっくらとする。

⑩ ピンセットと平行にはさみを入れて端切りをし、切り端にのりを馴染ませる。

⑪ つまみの先を整え、2段目の葉と葉の間に葺く。

⑫ 手順8〜11の要領で①〜⑤の順に葺いていく。

⑬ **花芯を飾る**

中心にペップ花芯（▶p.36）を貼りつける。裏は1段目と2段目の葉が半分ほど見える。

⑭ **形を整える**

横から見て土台が見えていないか確認する。

⑮ **できあがり**

飾りピンをグルーで貼りつけて、できあがり。

桃の花の一輪かんざし (▶p.61)

p.61の作品では正絹一越ちりめんを使用。のりを吸いやすい生地が適しています。
まずはつくりたい生地がのりをよく吸うかどうか、のり板に置いて試してみても。

[材料]
できあがりサイズ … 直径約9cm
◆ ダブル菱つまみの花びら … 7.5cm角の布(桃・白)
　5枚
◆ 花芯 … ペップ花芯(ペップ25本使用)
◆ 土台 … 直径2cmの平土台
◆ 金具 … 丸皿つきUピン

[つくり方]
1. Uピンの丸皿と平土台(▶p.24)をグルーで貼りつける。
2. 7.5cm角の布をすべてダブル菱つまみ(▶p.73)でつまむ。
3. つまみの先を土台の中心に合わせるようにして桃の花を葺く。
4. ペップ花芯(▶下欄)にのりをつけ、花の中央に置く。
5. 全体ののりが乾いたら、できあがり。

〈表〉

〈裏〉

[桃の花のペップ花芯のつくり方]
1. ペップ25本をランダムに束ねて持つ。
2. ペップ束の中央が低くなるようペップの長さを調整し、先端から約2cmの位置にボンドをつけ、糸で巻き束ねる。
3. 外側のペップを90度に折る。
4. 中央のペップは立てたままにし、残りのペップは散らすように45度の角度をつける。
5. ボンドが乾いたら、糸で巻いたぎりぎりの位置で切り取る。

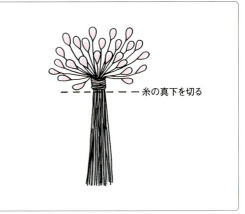

糸の真下を切る

金魚の帯飾り (▶p.62)

p.62の作品ではアンティークのモスリン、土台には正絹絽を使用。
金魚にはふっくら感のある生地が向いているので、正絹一越ちりめんなどもおすすめ。

[材料]
できあがりサイズ … 金魚のチャーム部分／直径約4cm

◆ 金魚(2匹分) … a 3cm角・b 2.5cm角・c 2cm角の布
  (赤) 各2枚、d 1.5cm角の布(赤) 4枚、
  ビーズ(黒) 2個
◆ 土台 … 円形土台厚紙(直径4cm) 2枚、
  円形土台布(直径6.5cm) 2枚
◆ その他の飾り … レーヨンリリヤン(10cm) 2本、
  スワロフスキー(約2mm、3mm) 各適量、
  ビーズ(8mm) 3個・(10mm) 1個、
  メタリックヤーン(15cm) 1本、
  透かしパーツ 大(4.5cm)・小(2cm) 各1個
◆ 金具 … 9ピン1本、Tピン4本、
  チェーン(5.5cm、1.5cm) 各1本、
  丸カン大(5mm) 2個・小(3mm) 5個

[つくり方]

1. シェル土台(▶p.26)の手順2〜7の要領でシェル土台(厚紙)をつくる。a は丸つまみ(▶p.34)、b と c は尖丸つまみの端切り(▶p.34／p.70)、d は尖丸つまみ(▶p.34)につまむ。
2. a を土台に葺いて足を開く。真上から見て足と先が美しい角に見えるように形を整える。
3. 2の丸つまみの中に b を入れ、丸みのある形に整える。
4. a と頭合わせになる位置に c を葺き、その両脇に d を葺く。手順2〜4の要領で、もう一組の a〜d を葺く。
5. 黒ビーズを金魚の目の位置にボンドで貼る。リリヤンをのりでうずまき状に貼り、スワロフスキーを好みの位置にボンドでつけたら、いったんすべてを乾かす。
6. 土台の側面にボンドを塗り、メタリックヤーンを貼る。
7. 透かしパーツとチェーンをつないで、できあがり。

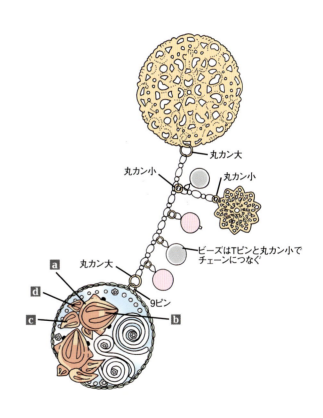

剣菊のプチジュエリー （▶ p.64）

p.64の作品ではキュプラを使用。
小さく繊細な作品なので、羽二重などの薄手の生地がつくりやすい。

[材料]
できあがりサイズ … 直径約2.5cm
◆ 重ね剣つまみの花びら … 1.5cm角の布（桃）20枚、
　 1.3cm角の布（桃）20枚
◆ 花芯 … パールビーズ（3mm）6個
◆ 土台 … 直径3cmの土台布2枚
◆ 金具 … シャワーつきピアス金具1組

[つくり方]
1　シャワーを土台布でくるみ、シャワー台（ピアス金具）に取りつけてツメを折って固定する。
2　1.5cm角の布と1.3cm角の布で重ね剣つまみ（▶p.71）をつまむ。
3　つまみの先を土台の中心に合わせるようにして10枚花を葺く。
4　パールビーズにボンドをつけ、花の中央にそれぞれ3個ずつ置く。
5　全体ののりを乾かす。
6　もう片方も同様につくる。

〈表〉

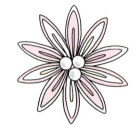

〈横〉

 金具を変えれば、ネックレスやリングにもアレンジが可能。

実り色のバレッタ (▶ p.65)

p.65の作品ではつまみにアンティーク生地、バレッタ土台にはコットンブロードを使用。
のりを吸いやすい生地が向いています。

[材料]
できあがりサイズ … 約2.5cm×9cm
- 返し剣つまみの葉 … 2.3cm角の布（柄物）16枚
- その他の飾り … 金糸・銀糸巻針金各23cm、パールビーズ（3mm）7個
- 土台 … バレッタ用平土台（1.7cm×9cm）
- 金具 … バレッタ金具（8cm）1個

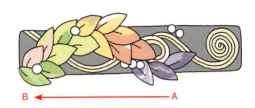

[つくり方]
1. 金糸・銀糸巻針金を重ね、ペンチで巻いてバレッタ幅（1.7cm）と同じ大きさのうずまきをつくる。
2. 巻針金をバレッタ土台の上に配置する。うずまき状になっていない部分はカーブをつけて配置し、うずまき部分をグルー、それ以外をボンドで貼りつける。
3. ボンドが乾いたら、ニッパーで余分な針金を切り取る。
4. つまみを葺きたい位置を決め、バレッタ土台にチャコペンで線を引く。
5. 2.3cm角の布をすべて返し剣つまみ（▶p.70）でつまみ、右上図のAからBに向かって重ねるように葺いていく。
6. パールビーズに少量のボンドをつけ、つまみの上に貼る。
7. ボンドが乾いたら、できあがり。

[バレッタ用平土台のつくり方]
[材料]
- 厚紙（1.7cm×9cm）1枚、土台布（4cm×11cm）1枚、バレッタ金具（8cm）1個

※土台布は四方の角を切り落としておく

1. 土台布の上に厚紙を置き、①〜④の順にボンドをつけて折りこんでいく。

2. グルーで土台とバレッタ金具を接着する。

3. バレッタ金具の両端の穴に糸を通し土台に縫いつけて、できあがり。

雪の結晶ブローチ （▶ p.67）

p.67の作品では薄手生地を使用。
つまみのひとつひとつが小さいため、のり馴染みのよい薄い生地が◎。

[材料]
できあがりサイズ … 約6cm×5cm
◆ 剣つまみの結晶 … 1.1cm角の布（白）34〜40枚
◆ その他の飾り … スワロフスキー適量
◆ 土台 … 皿つきブローチ土台（全体サイズ6cm×5cm、皿のサイズ5cm×4cm）

[つくり方]

1 シェル土台（▶p.26）を参考にブローチの皿を土台布でくるみ、グルーでブローチ台に貼りつける。

2 1.1cm角の布をすべて剣つまみ（▶p.32）でつまみ、約1/4を端切り（▶p.70）する。

3 ブローチ土台のどこに大きな結晶を葺くか位置を決めたら、剣菊（▶p.50）の手順3〜6の要領で12個の剣つまみを葺く。

4 1段目のつまみ同士の間に2つの剣つまみを葺き、つまみ1つ分を飛ばして同様に葺いていく。

5 2段目のつまみ同士の間に剣つまみを1つずつ葺いていく。

6 空いたスペースに好みで剣つまみをいくつか葺く。

7 すべて葺き終えたら、いったんのりを乾かし、ボンドでスワロフスキーを貼りつける。

8 ボンドが乾いたら、できあがり。

お正月飾りの帯留め (▶p.68)

p.68の作品では梅と竹に薄手生地、羽子板の羽根にアンティーク生地を使用。
さまざまな生地でつくることができる作品なので、色合いで選んでみてもいいでしょう。

[材料]
できあがりサイズ … 直径約5cm

- ◆ 重ね丸つまみの梅 … 1.8cm角の布(白)5枚、2cm角の布(赤)5枚
- ◆ 尖丸つまみの竹 … 2cm角の布(緑)3枚
- ◆ 返し剣つまみの羽根 … 1.8cm角の布(桃柄物)6枚
- ◆ 花芯 … 梅桜花芯1個
- ◆ その他の飾り … 金糸巻針金3cm×2本、刺しゅう糸適量
- ◆ 土台 … 直径4cmのシェル土台(厚紙)
- ◆ 羽子板土台 … 羽子板型厚紙2枚、羽子板型土台布2枚
- ◆ 金具 … 帯留め金具

〈表〉

[つくり方]

1. 帯留め金具とシェル土台厚紙(▶p.26)をグルーで接着する。
2. 羽子板型(▶p.77)の厚紙に土台布を貼ったものを2組つくり貼り合わせる。羽子板の持ち手部分にボンドを塗り、刺しゅう糸をすき間なく巻きつける。
3. シェル土台の表側にグルーで羽子板を貼りつける。
4. 1.8cm角の布と2cm角の布をすべて重ね丸つまみ(▶p.75)でつまみ、羽子板の上に梅の花を葺く。その上に梅桜花芯をのりで貼る。
5. 2cm角の布で尖丸つまみ(▶p.34)をつまみ、約1/3を端切り(▶p.70)する。先にカーブをくせづけし、梅の下に葺く。
6. 1.8cm角の布は返し剣つまみ(▶p.70)でつまみ、羽子板の羽根のように3つずつ重ねづけする。
7. 金糸巻針金でうずまき花芯(▶p.37)を2つつくり、羽根の合わせ目の上にボンドで貼りつける。ボンドが乾いたら、できあがり。

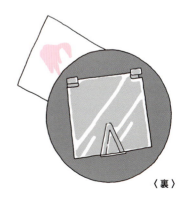

〈裏〉

つまみ細工の素朴な疑問

つまみ細工の小さな疑問をQ＆A形式で解決。

Q つまみに使う布の大きさが数㎜単位で異なるのは、なぜ？

A 数㎜の違いは作品になると大きな違いに！

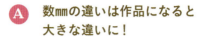

つまみ細工はつまんだ布を複数葺いてひとつの花をつくります。使う布の大きさがわずかに違うだけでも、作品にするとそのサイズ感の違いははっきりとわかります。本書では試作を重ねて作品イメージに合った大きさを選んでいるため、布のサイズに数㎜単位の違いが出るのです。

Q 柄のある布でつまむときのコツはありますか？

A 布のどこを上にするかが重要です！

せっかくの柄もつまみ方ひとつで、まったく表に出てこない場合があります。まずは布の出したい柄の部分が正方形の一角にくるように切り、その一角が上にくるように手に持ちます。あとは通常通りつまむだけでOK。この方法なら柄がつまみの折り山あたりに出てきてくれます。

OK

NG

Q かんざし作品の上手な保管方法は？

A 箱の蓋に固定してから保管します。

写真のような蓋がついた折りたたみ式の箱（紙、またはダンボール製）を用意し、蓋の部分にメンディングテープなどでかんざし金具を貼りつけます。タッセルやさがりは箱に糸を縫いつけ、その糸でしばって固定させます。あとは蓋が下にくるように箱を閉じ、湿気の少ない場所で保管します。

Part
3

ハレの日を飾る
つまみ細工のかんざし

ブーケかんざしの
セット

how to make ▶ p.102／p.106

はんくす土台にたくさんのお花をちりばめた、ボリューム感たっぷりのかんざし。七五三や成人式など、ハレの日の装いをさらに盛り立ててくれるアイテムです。

桜ブーケのかんざし
how to make ▶ p.116

桜の花で埋めつくされた華やかさ満点のかんざしは、ひとつでもしっかりと存在感をアピールすることができます。飾りすぎずシンプルにまとめたい人におすすめ。

大輪剣菊のコーム
how to make ▶ p.117

グラデーションの彩りが美しい大輪剣菊はコーム仕立て。
布を白の単色にすることで、花嫁の髪飾りとしても応用が
可能。「これぞつまみ細工」というデザインのアイテムです。

鶴のかんざし
how to make ▶ p.112

つまみ細工作品のなかでも人気の高い鶴をかんざしにアレンジ。大きく翼をひろげた姿が今にでも飛び立ちそう。お正月や結婚式など、おめでたいときの装いにどうぞ。

How to make
3

かんざしの組み上げ方

❖ ブーケかんざし・大 (▶p.96)

p.96の作品には襦袢地、羽二重を使用。布を選ばない作品ですが、ややしなやかな素材を選んだ方がつくりやすいです。

[材料] できあがりサイズ…直径約8cm／さがりの長さ約18cm
丸つまみの花びら…2.5cm角の布36枚／重ね丸つまみの花びら…2.3cm角の布17枚、2.5cm角の布17枚／剣つまみの葉…2.5cm角の布10枚／花芯…ペップ花芯（▶p.36）4個（白）・4個（金）、梅桜花芯（▶p.37）4個／土台…直径6cmおちりんはんくす土台（▶p.30）／さがり…2.5cm角の布45枚、リリヤン（25cm）3本、豆鈴（直径8mm）3個／その他…地巻ワイヤー（9cm）3本、かんざし組み糸、かんざし金具（9cm）1本

1

材料を用意する。ここでは丸つまみの花に2.5cm角の布（白）と（桃）を各18枚ずつ、重ね丸つまみの花に2.3cm角の布（赤）、2.5cm角の布（白）、剣つまみの葉に2.5cm角の布を用意。

2 土台につまみを葺く

丸つまみ（▶p.34）の花びら、重ね丸つまみ（▶p.75）の花びらをそれぞれつまみ、姫ブーケ（▶p.55）の手順2〜7の要領で3つ葺く。

3

姫ブーケ（▶p.56）の手順9〜15の要領で、2で葺いたつまみを基準に5枚花びらの花を3つ葺く。

4

3で葺いた花と花の間に新たな花をつくる。手順2と同様に5枚花びらの花を葺く。

5

5枚花びらの花を葺いたところ。それぞれの足を開いて花の形に整える。

6

5の花の足は無理に土台におさめず、少しはみ出すくらいの位置にしておく。

 花びらで土台を隠すようなイメージで位置を調整するとよい。

4つの花が葺き上がったところ。全体のバランスを確認する。

2.5cm角の布(緑)を剣つまみ(▶p.32)で2つつまみ、全体を細く整え、手順3と5で葺いた花と花の間に葺く。

手順4と同様に花と花の間に丸つまみの花と重ね丸つまみの花をそれぞれ1つずつ葺く。

大きく空いているスペースに花1輪を葺く。

10に5枚花びらの花Dを葺いたところ。

Dの花を横から見たところ。足が土台からはみ出している部分は、つまみが動かないよう底の部分をしっかりと接着しておく。

花びらが5枚葺けないスペースには、花びらを3つ葺いてすき間を埋める。葺く花びらの枚数はスペースの空き具合によって枚数を調整してよい。

×NG 花に見えない葺き方はダメ

空きスペースを埋める際、できるだけ1輪の花がイメージできる形に葺くこと。無造作に葺くと全体のバランスを崩してしまう。

小さく空いたスペースに、剣つまみの葉を差しこんで、すき間を埋める。

103

⑮ 空いたスペースには剣つまみの葉だけでなく、丸つまみを1つ葺いてもOK。不自然な形にならないよう全体のバランスを見ながら葺いていくとよい。

⑯ 空いているスペースが少し広い場合は、剣つまみを2〜3つ葉に見えるように重ねて埋めてもよい。色や全体のバランスを見て葺いていく。

⑰ 土台の全体が埋まったら、土台を回して全体が丸いフォルムになっているかを確認する。

花芯を飾る

⑱ 重ね丸つまみの花には梅桜花芯(▶p.37)、丸つまみの花にはペップ花芯(▶p.36)を貼る。全体ののりを乾かす。かんざしに組み上げたときに上下をどこにするかを決める。

くまでを組む

⑲ ブーケの上下が決まったら、ワイヤーの下側にボンドをつける。

⑳ ボンドを塗った位置に、くまで(▶p.111)を重ねる。さらの少量のボンドを軸につけ、根本から下へ向かってかんざし組み糸を巻きつけていく。

㉑ ボンドを塗った位置まで糸を巻き終えたら、ワイヤー同士の間に糸をくぐらせ、上に向かって引き上げる。

㉒ 糸を引き締めたら糸を切り、いったんボンドを乾かす。ワイヤー部分にかんざし金具を当て、ワイヤーを切る位置を確認する。

point 金具の細い位置に合わせて切る。

㉓ ニッパーでワイヤーを切ったところ。

㉔ かんざしを組み上げる

かんざし金具の細い部分全体にボンドをたっぷりと塗り、糸を3回ほど巻きつける。

㉕

ボンドを塗った金具にブーケのくまでが下に向くようにしてワイヤー部分を重ね、糸を強めに5回ほど巻きつけ、まずはしっかり固定する。

くまで

㉖

金具の頭まで糸を巻き上げたら、写真の位置まで巻き戻る。

point 糸と糸の間にすき間ができないよう注意。

㉗

すき間なく巻けたら糸を切り、糸端にボンドを薄くつけて巻き終える。

㉘

金具や糸についたボンドを乾かす。

㉙ さがりをつける

さがり（▶p.108）を用意する。

㉚

くまでの開きが均等になるよう位置を調整し、さがりのループをくまでの足に通し、ワイヤーの先端を曲げて閉じる。

㉛

ワイヤーの根本をペンチで45度に曲げる。

㉜ できあがり

全体の形や角度を整えて、できあがり。

ブーケかんざし・小 (▶p.96)

p.96のブーケかんざし・大とおそろいの生地でつくると、
ハレの日にぴったりの華やかなかんざしセットに仕上がります。

[材料]
できあがりサイズ … 直径約6㎝
- ◆ 丸つまみの花びら … 2.5㎝角の布（白・桃）各10枚
- ◆ 重ね丸つまみの花びら … 2.3㎝角の布（赤）10枚、2.5㎝角の布（白）10枚
- ◆ 剣つまみの葉 … 2.5㎝角の布（緑）6枚
- ◆ 花芯 … ペップ花芯6個、梅桜花芯3個
- ◆ 土台 … 直径4.5㎝のおちりんはんくす土台（▶p.30）
- ◆ 金具 … Uピン1個
- ◆ その他の飾り … 銀ビラ1個

[つくり方]

1. 丸つまみ（▶p.34）の花びら、重ね丸つまみ（▶p.75）の花びらをそれぞれつまみ、姫ブーケ（▶p.55）の手順2～15の要領で5枚花びら（紫色）の花を3つ葺く。

2. 空いたスペースの3か所に3つの花びら（桃色）を葺く。

3. 手順2で葺いた花びらの反対側のスペースに2つの花びら（黄色）を3か所に葺く。

4. 手順2と3で葺いた花の間に剣つまみ（▶p.32）の葉（緑色）を2つずつ3か所に葺く。

5. 重ね丸つまみの花に梅桜花芯（▶p.37）を、丸つまみの花びらにはペップ花芯をのりで貼りつける。3枚と2枚の花びらの重ね丸つまみには、梅桜花芯をカットしたものを貼りつけ、全体ののりを乾かす。

6. 銀ビラの組み上げ方（▶P.107）の要領でブーケのワイヤーに銀ビラを固定する。

7. 6とUピンを鶴のかんざし（▶p.115）の手順30～33の要領で仕立て、かんざしを組み上げる。

8. ボンドが乾いたら全体のバランスを調整し、できあがり。

銀ビラの組み上げ方

[材料]
かんざし用ブーケ…1個／銀ビラ（15枚）…1個／かんざし組み糸…適量

材料を用意する。

銀ビラの正しい向きを確認する。

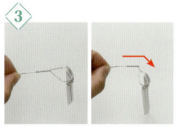

銀びらワイヤーの根本をペンチで45度に曲げる。

かんざし用のブーケ（▶p.106）の上下を決める。ワイヤーの下側にボンドをつける。

ボンドを塗った位置に銀ビラのワイヤーを重ねる。

軸に少量のボンドをつけ、かんざし組み糸を下から上に向かって巻きつけていく。

糸を上まで巻き上げたら、折り返すように下に向かって糸を巻きつけていく。

巻きはじめの位置まで戻ったら糸を巻きとめ、ブーケかんざし・大（▶p.104）の手順21〜28を参考に、かんざしに組み上げる。

さがりのつくり方

[材料]
できあがりサイズ…1本の長さ18cm
丸つまみの花びら…2.5cm角の布(白)18枚、2.5cm角の布(黄)6枚、2.5cm角の布(桃)9枚／リリヤン(22cm)…3本／豆鈴(直径8mm)…3個

1

材料を用意する。リリヤンはレーヨン素材のものが適しており、ポリエステル素材はNG。あらかじめ濡らしたおしぼりで拭いてクセをとっておくと作業がしやすい。

2 さがりひもをつくる
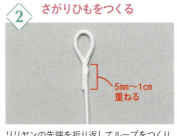
リリヤンの先端を折り返してループをつくり、ボンドでとめる。

3
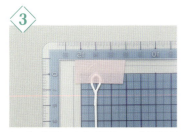
2のボンドが乾いたら、リリヤンの重なり目が上にくるようにして下敷きに置き、メンディングテープで固定する。

4
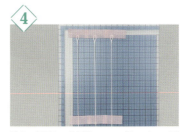
残りのリリヤンも同様にループをつくって両端を固定する。

リリヤンがねじれないよう、まっすぐに貼りつける。

5 布をつまむ
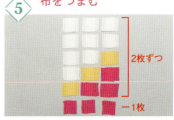
さがりに使用する布をリリヤンにつける順に並べておく。

写真のように上から斜め下に向けてグラデーションに色を変えていくと美しい。

6

2.5cm角の布2枚で丸つまみ(▶p.34)をつまみ、のり板の上に置く。※ここでは見やすいように手順6〜12まで黄色の布でつまんでいる。

7

つまみの形を整え、底にたっぷりとのりを馴染ませる。

底が開かないように注意。

8

利き手ではない方の中指に丸つまみを2つそろえて置く。

point 軽く置くようにし、指でつままないようにする。

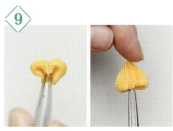

⑨ ピンセットをつまみの腰側から差し入れ、隣り合った足同士をつまむ。つまみの両端がずれないよう、指先で調整する。

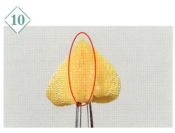

⑩ つまみを裏返し、底同士が離れていないかを確認する。

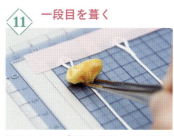

一段目を葺く

⑪ リリヤンのループの合わせ目につまみを葺く。

⑫ リリヤンの上につまみの底がしっかりと接着するよう、ピンセットを使ってつまみの位置や傾きを微調整する。

point 全体の形は、やや横長になるよう意識。

⑬ 1本目の1段目が葺き上がったら、残りのリリヤンにも同様に1段目の丸つまみを葺く。

point 複数本の下がりをつくる場合は、段ごとに位置を確認しながら葺いていく。

2〜5段目を葺く

⑭ 1段目がすべて葺き上がったら、それぞれ約1cmの間隔を開けて2〜5段目までを葺く。

6段目を葺く

⑮ 6段目は丸つまみを1つずつ、リリヤンの上に葺く。

⑯ 6段目まで丸つまみをすべて葺いたところ。それぞれの位置がそろっているか確認し、微調整を行ったあと、のりを乾かす。

✕NG のりの馴染ませが足りない

底がリリヤンから離れてしまっているのは、手順7で行う「のりの馴染ませ」が足りていないことが考えられるため、しっかりとのりを馴染ませること。

⑰ 豆鈴をつける

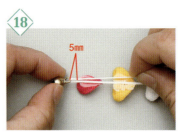

丸つまみののりがすべて乾いたら、下敷きからリリヤンを外し、豆鈴を通す。

⑱

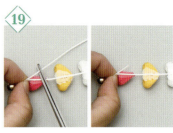

つまみの端から約5mmの位置でリリヤンを折り返す。

⑲

折り返したリリヤンは、つまみ1つ分より少し短い位置で切る。

⑳

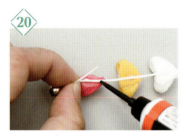

リリヤンにボンドをつける。

㉑

手順⑲で切ったリリヤンを貼りつける。

㉒ できあがり

残りのリリヤンも同様に豆鈴を通し、ボンドが乾いたら、できあがり。

さがりの種類いろいろ

p.108～110で紹介したような布でつくるさがりが一般的ですが、ほかの素材を使ってアレンジを加えたものも素敵です。チェーン＆パールの組み合わせは大人っぽいイメージに、ビーズでつくるさがりはかわいらしさとモダンな趣がうまくミックスされた作品に仕上がります。たとえば、さがりをいくつか素材別につくっておいて、シーンや気分でつけ替えを楽しんでみるのもおすすめです。

くまでのつくり方

[材料]
地巻ワイヤー(9cm)…3本／糸

① 材料を用意する。

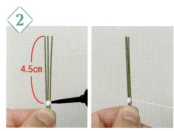
② ワイヤー3本の頭をそろえて束ねる。真ん中(4.5cm)あたりにボンドをつけ、糸で巻きとめる。

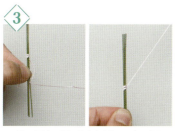
③ ワイヤー同士の間に糸をくぐらせ、上に向かって引き上げる。

④ ワイヤーに近い位置で糸を切り、ボンドで巻き終わりをとめる。

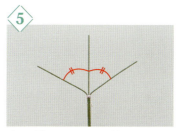
⑤ ボンドが乾いたらワイヤーを等間隔に開く。

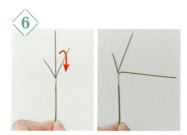
⑥ 真ん中のワイヤーを糸で束ねた位置から90度に曲げる。

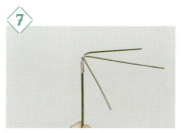
⑦ 両脇のワイヤーも同様に曲げる。

⑧ ワイヤーのそれぞれの角度が同じになるよう整えたら、できあがり。すぐに使用しない場合はスポンジに刺しておくとよい。

❖ 鶴のかんざし　(▶ p.100)

p.100の作品では厚めの羽二重を使用。鶴は羽二重でつくるのがベストですが、代用としてキュプラでもOK。

[材料] できあがりサイズ … 約10cm×8cm

尖丸つまみの鶴の頭…1.5cm角の布1枚／丸つまみの鶴の胴…2cm角の布3枚、二重丸つまみの鶴の尾羽…1.8cm角の布3枚、2cm角の布3枚／剣つまみの鶴の羽…3cm角の布4枚、4cm角の布4枚、5cm角の布8枚／土台…おちりん平土台（鶴型）1個、鶴型土台布1枚／その他の飾り・金具…スワロフスキー（3mm）2個、金糸巻針金 約12cm、地巻ワイヤー（9cm）2本・(6.5cm) 3本、絹穴糸（白・黒）各適量、Uピン1本

1

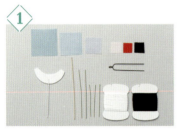

材料を用意する。ここでは羽に3cm角（薄紫）、4cm角（薄青）、5cm角（薄緑）の布を、胴は2cm角の布（桃）、尾羽に1.8cm角の布（黒）と2cm角の布（桃）、頭に1.5cm角の布（赤）を用意する。

2　鶴の顔をつくる

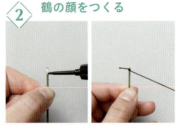

9cmの地巻ワイヤー2本を束ねる。先端にボンドを薄くつけ、黒糸を数回巻きつける。

3

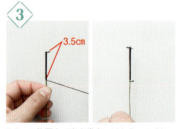

3.5cmの位置まで糸を巻きつけたら、ワイヤー同士の間に糸をくぐらせ、上に向かって引き上げて糸を切る。

4

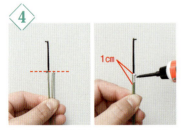

糸の巻き終わり位置に合わせるように6.5cmのワイヤー3本を加えて持ち、先端にボンドをつける。

5

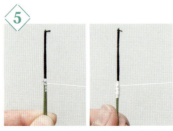

ワイヤーを1つに束ね、白糸を巻いていく。

point　はじめに白糸の糸端を巻きこむように数回巻いてから、巻き進めていくとよい。

6

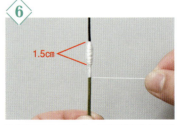

巻きはじめから約1.5cmの間を数回往復するように糸を巻きつけ、鶴の顔をつくる。顔ができたら、すき間ができないように糸の間隔を詰めながら端に向かって巻きつけていく。

⑦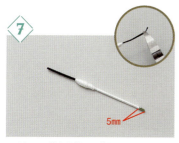

ワイヤーの端から約5mm残し、ワイヤー同士の間に糸をくぐらせ、上に向かって引き上げて糸を切る。黒糸を巻きつけた方の先端は数mmをニッパーでカットする。

⑧ 胴を葺く

おちりん平土台（▶p.27／鶴型▶p.77）を用意する。

⑨

土台の中央に鶴の首をグルーで接着する。

⑩

金糸巻針金を半分に折り、首の接着部分の上に重ねるようにグルーでさらに固定する。

⑪

土台布（鶴型▶p.77）全体にのりを馴染ませ、接着面を覆うように土台に貼りつける。

⑫

2cm角の布（桃）で丸つまみ（▶p.34）をつまむ。1つ目を首の根本に葺く。

 point 先が浮かないように足をしっかり広げて土台に接着する。

⑬

2つ目の丸つまみは、まず土台の空いたスペースに仮置きし、先を大きく開く。

⑭

足側からピンセットを差し入れ、**12**で葺いた丸つまみの後ろにつまみを移動させ、先を差しこむように葺く。

⑮

1つ目の丸つまみを包みこむように、2つ目の開いた先を閉じる。

 point つまみ同士の間隔は2〜3mmを目安に。

⑯ 羽を葺く

残りの丸つまみも**15**同様に葺く。5cm角の布（薄緑）をすべて剣つまみ（▶p.32）でつまむ。1つ目を1/3の位置で端切り（▶p.70）し、先を首の根本に合わせるように土台の端に葺く。

⑰

横から見たところ。剣つまみの足が土台の端の1/2の位置にくるように配置し、寝かせぎみに葺く。

⑱

剣つまみの折り山にピンセットを差し入れ、つまみを中から広げる。

⑲

横から見たところ。**18**でつまみを中から広げたため、立体感のある角度に仕上がった。

⑳

手順**16**〜**19**と同様に反対側に1つ葺く。3つ目以降の剣つまみはすべて半分に端切りし、土台に対して垂直に立つように葺いていく。

㉑

残りの剣つまみも手順**20**と同様に垂直に葺いていく。このとき足は土台の端からはみ出さないように注意する。

㉒

剣つまみのバランスと開き具合を整える。

㉓

剣つまみの先はすべて首の根本に向かうようにカーブを美しく整える。

㉔

土台に葺いたすべての剣つまみの高さがそろうように、4cm、3cm角の布も剣つまみ後に端切りし、つまみの先が首の根元に向かうように順に葺いていく。

㉕ すべての羽を葺き終えたところ。つまみを開き、全体のバランスを整える。

㉖ 横から見ると、剣つまみのすべての足は土台からはみ出すことなく、土台上におさまっている。

㉗ 尾羽を葺く

1.8cm角の布（黒）と2cm角の布（桃）で重ね丸つまみ（▶p.75）をつまみ、鶴の足の根元に両端から真ん中の順に葺く。真ん中が少し出っ張るように整えると仕上がりが美しい。

㉘ 顔を飾る

全体ののりが乾いたら、鶴の首に角度をつける。頭上には尖丸つまみ（▶p.34）のとさかを貼り、目にスワロフスキーをボンドで貼る。

㉙ 足の形を整える

鶴の両足は丸くカーブをつける。このとき丸の位置を少しずらしぎみにしておくと、見栄えがよい。

㉚ かんざし金具

Uピンの間に人差し指をはさみ、カーブ部分をペンチでつぶして細めのカーブにする。

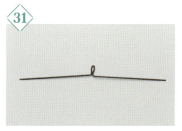

㉛ Uピンの両足を細めてつぶした部分の根本から90度に曲げる。

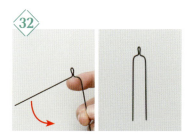

㉜ 90度に曲げた部分にゆるやかなカーブをつけながら足を元の位置に戻す。このとき、人差し指を根本に当てながら足を元の位置に戻すとカーブがつけやすい。

㉝ できあがり

Uピンをかんざし金具に仕立てたら、ブーケかんざし・大（▶p.105）の手順25〜28を参考に、かんざしに組み上げる。

桜ブーケのかんざし（▶ p.97）

p.97の作品では正絹の襦袢地を使用。
襦袢地の中でも特にやわらかな風合いのものが適しています。

[材料]
できあがりサイズ … 直径約7cm
◆ 桜つまみの花びら … 2.3cm角の布（桃）45枚
◆ 花芯 … 梅桜花芯9個
◆ 土台 … 直径5cmのおちりん厚み土台（▶p.28）
◆ 金具 … かんざし金具1本
◆ その他の飾り … 地巻ワイヤー9cm×1本、タッセル飾り1個

[つくり方]
1. 2.3cm角の布をすべて桜つまみ（▶P.76）手順3までつまむ。
2. おちりん厚み土台の中心に、姫ブーケ（▶p.55）手順2〜15の要領で5枚花びらの桜の花（紫色）を3つ葺く。
3. さらに、2で葺いた桜の花の間に3つの桜の花（桃色）を葺く。
4. 2で葺いた桜の真下に桜の花びら（黄色）を3つずつ葺く。
5. 4の花びらの両脇に桜の花びら（緑色）を1つずつ葺く。
6. 桜つまみ（▶p.76）手順7〜9の要領で、すべてのつまみを仕上げる。
7. それぞれの桜の花に梅桜花芯（▶p.37）をのりで貼りつけ、全体ののりを乾かす。
8. 地巻ワイヤーを半分の位置から約90度に曲げ、銀ビラの組み上げ方（▶P.107）の手順4〜8の要領で桜ブーケのワイヤーに固定する。
9. 8とかんざし金具をブーケかんざし・大（▶p.104）の手順22〜28の要領で組み上げる。
10. 全体のボンドが乾いたら、地巻ワイヤーの先を丸ペンチで丸く巻き、そこへタッセル飾りをさげる。
11. 全体のバランスを調整して、できあがり。

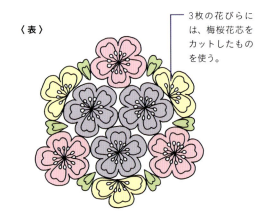

〈表〉

3枚の花びらには、梅桜花芯をカットしたものを使う。

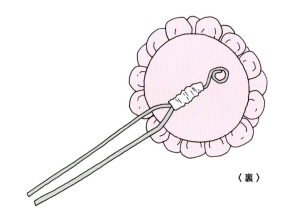

〈裏〉

大輪剣菊のコーム (▶ p.99)

p.99の作品では正絹一越ちりめんを使用。ポリエステル以外の、さまざまな生地でつくることができます。
薄手の場合は、剣つまみの数を増やして葺くとよいでしょう。

[材料]
できあがりサイズ … 直径約8.5cm／さがり約14cm

◆ 剣つまみの花びら … 1.8cm角の布12枚、2cm角の布12枚、2.2cm角の布12枚、2.5cm角の布24枚、2.8cm角の布24枚 ※すべて青系グラデーションの布を使用
◆ 花芯 … パールビーズ(8mm)1個、花座(1cm)1個
◆ 土台 … 直径5cmのおちりん厚み土台(▶p.28)
◆ 金具 … コーム(15山)
◆ その他の飾り … くまで(▶p.111)1本、さがり(▶p.108)3本 ※材料、はすべて各ページを参照

〈表〉

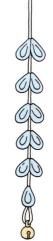

〈さがり〉

[つくり方]

1. 1.8cm角の布をすべて剣つまみ(▶p.32)でつまむ。
2. おちりん厚み土台の中心に、剣菊(▶p.50)手順2〜6の要領で剣つまみ(紫色)12個を葺く。
3. 2cm角の布(黄色)、2.2cm角の布(桃色)をすべて剣つまみでつまみ、剣菊(▶p.51)手順8〜13の要領で3段目まで葺く。
4. 2.5cm角の布(緑色)を剣つまみでつまみ、剣菊(▶p.51)手順14の要領で3段目のすき間に2つずつ葺く。
5. 2.8cm角の布(青色)24枚を剣つまみでつまみ、4段目のすき間に1つずつ葺く。5段目まですべて葺き上がったら、のりを乾かす。
6. 花の中央に花座とパールビーズをボンドで貼りつける。
7. コームの組み上げ方(▶p.118)の要領で、6にくまで(▶p.111)とコームを組み上げる。
8. くまでにさがり(▶p.108)をつけ、全体のバランスを調整したら、できあがり。

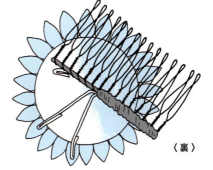

〈裏〉

コームの組み上げ方

[材料]
花飾り…1本／コーム(15山)…1個／
くまで(▶p.111)…1本／絹穴糸…2本
取りで約35cm×2

①
材料を用意する。

② コームに糸を巻く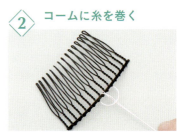
コームの真ん中あたりに糸を通してしばる。

③
ひと山ごとに2〜3回ずつ糸を巻きながら、端に向かって巻き進めていく。

④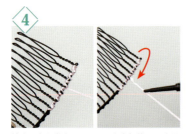
端まで糸を巻きつけたら、方向転換して半分の位置まで巻き戻り、糸にボンドをつける。

⑤
ボンドをつけた糸は同じ位置に数回巻きつけてしばらく置いて接着させる。このとき糸を切らないように注意する。

⑥ くまでを組む
花飾りのワイヤーの下側にボンドをつける。

⑦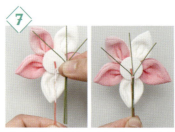
ボンドを塗った位置に、くまで(▶p.111)を重ねる。

⑧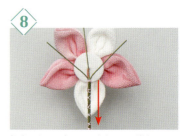
根本から下へ向かって糸をラフに巻きつけていく。

9	10	11 花飾りを組む
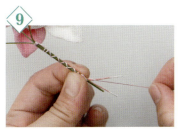		
下まで糸を巻きつけたらワイヤー同士の間に糸をくぐらせる。	糸を上に向かって引き上げ、糸を切る。	花飾りのワイヤーとコームを重ね、余分なワイヤーはニッパーでカットする。

切る

point コームの真ん中あたりに熊手の分かれ目を合わせるように重ねるとよい。

12	13	14

コームの糸を巻いた部分にボンドをつける。	ボンドの位置に花飾りのワイヤーを重ねる。	花飾りのワイヤーとコームを重ねたら、残しておいた糸を巻きつけて固定する。まず真ん中から端に向かってラフに糸を巻きつけたあと、端から真ん中へ丁寧に巻きつける。

15	16	17

真ん中まできっちりと糸を巻きつけたら、折り返して半分ほど巻き戻る。	巻き戻らないように糸をしっかりと押さえながら糸を切る。糸端はボンドでとめる。	ボンドが乾いたら、花飾りに合わせてくまでの先端を曲げ、さがりを取りつける。

ひなぎく

本業はプロ琴奏者。衣装である多彩な着物にあわせたアクセサリーを手づくりすべくはじめた「つまみ細工」。色づかいや柄づかいに独特の世界観を持ち、型崩れしにくいオリジナルのつまみ方が特徴。2013年より本格的な講師活動をスタートし、人気講師となる。モナコで行われた第一回モナコアニメ・ゲームショウに出品。パリにて委託販売も行う。2016年9月からは東京渋谷に主宰教室「つまみ細工ひなぎく工房」をOPEN。琴の活動とともに「和」の文化を愛するマルチアーティストとして活躍。
共著「つまみ細工でできるオシャレな小物　オールシーズン使える髪飾り、アクセサリー」誠文堂新光社刊（2012年）がある。

ナツメ社Webサイト
https://www.natsume.co.jp
書籍の最新情報（正誤情報を含む）はナツメ社Webサイトをご覧ください。

本書に関するお問い合わせは、書名・発行日・該当ページを明記の上、下記のいずれかの方法にてお送りください。電話でのお問い合わせはお受けしておりません。
・ナツメ社webサイトの問い合わせフォーム
　https://www.natsume.co.jp/contact
・FAX（03-3291-1305）
・郵送（下記、ナツメ出版企画株式会社宛て）
なお、回答までに日にちをいただく場合があります。正誤のお問い合わせ以外の書籍内容に関する解説・個別の相談は行っておりません。あらかじめご了承ください。

いちばんやさしい
つまみ細工の手習い帖

2016年12月26日　初版発行
2023年　4月　1日　第17刷発行

　　　　　　　　　　　　　　　　©Hinagiku,2016

著　者　ひなぎく
発行者　田村正隆
発行所　株式会社ナツメ社
　　　　東京都千代田区神田神保町1-52　ナツメ社ビル1F（〒101-0051）
　　　　電話　03（3291）1257（代表）　FAX　03（3291）5761
　　　　振替　00130-1-58661
制　作　ナツメ出版企画株式会社
　　　　東京都千代田区神田神保町1-52　ナツメ社ビル3F（〒101-0051）
　　　　電話　03（3295）3921（代表）
印刷所　図書印刷株式会社

ISBN978-4-8163-6147-0　　　　　　　　Printed in Japan

〈定価はカバーに表示してあります〉〈乱丁・落丁本はお取り替え致します〉
本書の一部または全部を著作権法で定められている範囲を超え、ナツメ出版企画株式会社に無断で複写、複製、転載、データファイル化することを禁じます。

STAFF

撮影／masaco
アートディレクション／大薮胤美（フレーズ）
デザイン／宮代佑子（フレーズ）
スタイリスト／荻野玲子
ヘアメイク／草場妙子
着付け／着物と四季のさろん　こでまり
モデル／田中シェン（BE NATURAL）
イラスト／渡井しおり
校正／大道寺ちはる
編集協力／株式会社チャイハナ
編集担当／田丸智子（ナツメ出版企画）
撮影協力／UTUWA

◆材料購入店舗リスト

工房 和（つまみ細工道具・専門資材）
http://ko-bo-kazu.ocnk.net/

橋本修治商店（正絹一越ちりめん）
http://kinuasobi.net/

貴和製作所（アクセサリー金具他）
http://www.kiwaseisakujo.jp/shop/

ビーズショップJ4（パールビーズ・アクセサリー金具）
http://store.shopping.yahoo.co.jp/beadsshopj4/

ブレイズ（アクセサリー金具）
http://www.rakuten.ne.jp/gold/blaze-japan/

NANO（ペップとスチロール球）
http://www.rakuten.co.jp/nano-craft/